W0196090

cbm ››› verlag

Christa Budde

Bevor ich vor zehn Jahren in die Umweltbildung wechselte, arbeitete ich jahrelang als Biologin in der Verhaltensforschung. Das Beobachten von Verhalten hat mich aber nie ganz losgelassen, nur dass meine Beobachtungen jetzt nicht mehr in wissenschaftliche Texte fließen, sondern in Glossen. Und weil Familien – und Kinder sowieso – so spannend und toll sind, schreibe ich über das Familienleben. Ich schreibe oft über Situationen, die ich am Strand, im Supermarkt oder sonstwo beobachtet habe. Gelegentlich denke ich mir etwas aus und ganz selten schreibe ich über meine eigenen Kinder. Ich schreibe also über Ihre Kinder, über meine Kinder, ich schreibe über UNSERE Kinder.

Stefanie Burr

Ich bin 38, freie Texterin und lebe mit meiner Familie in der Nähe von Schwerin. Bis ich den besten Mann von allen traf und mit ihm drei großartige Kinder bekam, dachte ich, dass die ganz großen Abenteuer des Lebens woanders warten würden. Ich hatte mein Leben voll ausgekostet – war viel gereist, hatte viel gefeiert und viel geliebt. Der Gedanke an eine Familie war so schön beschaulich – ich dachte an ruhige Zeiten. Oh, wie ich mich geirrt habe. Heute weiß ich, dass es ein ebenso großes Abenteuer ist, Eltern zu sein. Die kleinen Lehrmeister zeigen einem die Welt aus einer anderen Perspektive. Sie erzählen einem eine Menge über einen selbst, wenn man sich nur darauf einlässt. Das ist manchmal aufregend und wunderlich, lustig und traurig, anstrengend und federleicht zugleich. Wunderschön.

Mehr von mir und uns gibt es auf meinem Blog: www.liebes-leben-blog.com

Gedruckt in Deutschland

1. Auflage 2017

Carola Bänder Meerzeitverlag, Am Teich 8, 18465 Drechow

www.cbm-verlag.de

Grafische Gesamtgestaltung:

fachwerkler, Agentur für Design und Architektur, Schwerin

Illustrationen:

Henrijette Finkous, Emma Martin, Anna Martin, Frieda Bänder

Gesamtkonzept und Satz: Carola Bänder

Herstellung: Druckzone GmbH & Co. KG, Cottbus

ISBN: 978-3-00-055706-4

Christa Budde &
Stefanie Burr

ACH MAMI

Geschichten über
den Wahnsinnsalltag
mit Kindern

cbm »» verlag

Inhalt:

Anziehen

Essen & Trinken

Schöner Urlaub

Weihnachten

Ach Papi

Ach Papa!

Christa Budde

Es ist 6:30 Uhr. Der Wecker schrillt. Verschlafen reibt sich Papa die Augen. Heute kümmert er sich um die Kinder. Mama hat Fortbildung und ist schon aus dem Haus. Papa wird alles viel lockerer angehen als Mama, die immer so eine Hektik verbreitet. Er döst noch fünf Minuten, dann geht er ins Kinderzimmer. Zuerst zu seinem Ältesten, der ist schon acht und leicht aus dem Bett zu kriegen. „Aufstehen, mein Lieber", ruft er von der Tür aus. Der Junge gähnt und geht ins Bad. Papa macht mit den beiden kleinen Geschwistern weiter: „Aufstehen, Zeit für den Kindergarten." Nichts rührt sich. Papa streicht den beiden über den Kopf und gibt ihnen einen Kuss. „Aufstehen", wiederholt er etwas lauter. Er hört ein Grunzen, dann rollen sich beide auf die andere Seite. „Ihr steht jetzt auf", ruft Papa und reißt ihnen die Decken weg. Die ungewohnte Kälte lässt den Jungen und das Mädchen zusammenkauern. Unter missbilligendem Grunzen trotten sie verschlafen zur Badtür. Die ist zu. „Aufmachen", brüllt der Junge. „Ich muss pullern." Im Bad rührt sich nichts. Der Vater klopft an die Badtür. „Lass deine Geschwister rein, sie müssen pullern." „Nein!", ertönt es von drinnen. „Ich will hier keine Stinkfürze." Der Vater wendet sich an die beiden Kleinen: „Dann deckt erst den Tisch." „Ich muss aber pullern", wiederholt der Junge. Ein nasser Fleck bildet sich auf der Schlafanzughose. Papa packt den Jungen und hält ihn über das Küchenwaschbecken, das glücklicherweise leer ist. Die Schwester johlt: „Er pullert ins Küchenwaschbecken, haha." Der Älteste steht in der Küchentür, das will er sich nicht entgehen lassen. „Das Bad ist frei", rufen die Geschwister und rasen ins Bad. Der Älteste bleibt cool: „Bin eh' schon fertig", sagt er gelangweilt und tut so, als ob er immer in Unterhose in die Schule geht.

Papa verschwindet im Bad und beendet die Waschlappen-schlacht zwischen den beiden Jüngeren. Er zieht ihnen die Pullover richtig herum an und kleidet sich selber schnell an. Das Duschen spart er sich heute.

Dann eilt er in die Küche. Sein Ältester füllt sich ge-rade Cornflakes auf. Leider sind es die letzten und die Jüngeren sehen fassungslos zu, wie sie in seinem Schälchen verschwinden. „Wir wollen auch Cornflakes", brüllen sie unisono. „Ihr esst eben Brot", schneidet Papa die Rufe ab. Er langt über den Tisch nach dem Brotkorb. Dabei schmeißt er die Milchtüte um – leider ist sie offen. „Ihr sollt doch die Milchtüte immer zumachen", knirscht Papa und holt einen Lappen. Während die beiden Jüngeren darauf warten, dass Papa ihnen die Brote macht, treten sie aus Langeweile dem Älteren ans Schienbein. Der tritt zurück. Die beide Jüngeren brüllen. „Ruhe", donnert Papa.

Während die Kinder Zähne putzen, stopft sich Papa heimlich ein paar Kekse in den Mund. Kekse packt er aus Zeitgründen auch allen Dreien in die Brotdosen. Papa blickt auf die Uhr. Es ist höchste Zeit! „Dein Bus geht gleich", ruft er in Richtung Bad. Der Ältere stürmt herbei, schlüpft in seine Schuhe und in die Jacke, schnappt sich seine Schultasche und rennt aus dem Haus: „Tschüß Papa." Wo bleiben denn die anderen Beiden? Da kommen sie ja endlich. „Beeilt euch", drängelt Papa. „Du bist wie Mama, immer beeilen", maulen die Beiden. Sie ziehen im Zeitlupentempo ihre Schuhe an. Dann folgt eine Diskussion darüber, ob sie eine Jacke anziehen müssen, die darin mündet, dass sie eigentlich heute überhaupt nicht in den Kindergarten gehen möchten und es sich doch mit Papa zu Hause gemütlich machen könnten? Papa ist mit den Nerven am Ende. „Zieht euch jetzt fertig an, ich muss zur Arbeit. Wenn ihr nicht in einer Minute angezogen seid, dann gibt es heute Abend kein Sandmännchen." Schließlich sind alle soweit.

Nachdem Papa die Kinder im Kindergarten abgesetzt hat, lehnt er sich entspannt im Auto zurück und legt seine Lieblings-CD ein.
Morgen ist Mama wieder dran.

Angeborene Wäsche-Inkompetenz

Stefanie Burr

Ich finde sie super, die modernen Männer. Die Zeiten der auf dem Sofa sitzenden Pantoffelhelden sind in unserem Kreis glücklicherweise vorbei. Heute nehmen Männer Elternzeit, kochen und helfen im Haushalt, sie fahren zum Kinderarzt oder gehen zu Elternversammlungen – genau wie wir Frauen. Ich bin wirklich dankbar, dass der beste Mann von allen und ich uns viel teilen. Das meiste hat sich ohne Plan einfach eingespielt. Er sorgt für das Frühstück und bringt die Kinder weg, ich hole sie ab und mache das Abendbrot. Während ich samstags einkaufen gehe, putzt er schon mal das Bad. Freiwillig. Ich kann mich wirklich nicht beklagen.

Es gibt nur drei Dinge, die der beste Mann von allen nie können wird. Erstens ein Kind gebären. Zweitens stillen. Und drittens Wäsche.

Das beginnt schon beim Sortieren. Ich meine, mein Mann ist nicht doof oder so. Er hat studiert und kann sich viel Wissen in kurzer Zeit draufpacken. Er weiß eine Menge weltbewegender Dinge wie zum Beispiel, dass der Ford Mustang, der gerade um die Ecke biegt, „Fastback" heißt weil er ein Fließheck hat oder dass der Drummer von den Foo Fighters früher bei Alanis Morissette getrommelt hat. Aber welche Farben zusammen gewaschen werden, welches Waschmittel angesagt ist oder welche Temperatur passt, wird für ihn immer ein Mysterium bleiben. Mir wiederum ist es ein Rätsel, warum die von ihm aufgehängte Wäsche immer total zerknittert ist – dabei schwört er, dass er sie stets ausschüttelt.

Seit einiger Zeit hat der beste Mann von allen ein absolutes Wäschewöglegeverbot. Denn sonst finden wir nichts wieder. Die Leggings des Mädchens landen in der Kommode des Burschen, dessen Socken beim Bürschlein und selbst ich habe schon Kinderklamotten aus meinem Schrank gefischt. Für ihn scheint alles gleich auszusehen. Ich glaube er leidet an der unheilbaren, angeborenen „Maskulinen-Wäsche-Inkompetenz". Immer wenn er auf Stoff blickt, verschwimmt es vor seinen Augen zu einem nicht identifizierbaren Klumpen Materie.

Bin ich mal nicht da und mein Mann macht die Kinder morgens allein fertig, klappt alles reibungslos. Man darf sich die Kleinen nur nicht genau anschauen. Gewagt sind unter anderem die ungewöhnlichen Farb- und Musterkombinationen. Auch zu kurze Ärmel oder Hosenbeine sorgen hin und wieder für besondere Akzente. Bevorzugt erwischt er nämlich gerade die

Teile, aus denen die Kinder vor kurzer Zeit unbemerkt herausgewachsen sind. Außerdem kann es passieren, dass ein Kind im Frühling mit dicker Wollmütze losgeht oder im Winter mit Übergangsjacke. Für ihn gibt es quasi nur zwei Kategorien: Wenn IHM kalt = Mütze. Wenn IHM warm = keine Mütze. Fertig. Leichte Mützen, Übergangsmützen oder Wintermützen gehören nicht in dieses Schema. Und noch etwas ist seltsam. Wenn ich zum Beispiel am Wickelplatz stehe und ihn fix um etwas Bestimmtes aus dem Schrank bitte: Er findet es nicht. Er schwört, dass er alles durchgeschaut hat, aber keine Chance. Wenn ich dann selbst losgehe, mache ich einen Griff und habe das gesuchte Teil. Einen Griff!

Nein, gegen angeborene Männerkrankheiten ist kein Kraut gewachsen. Ich habe mich also mit seiner Wäsche-Inkompetenz angefreundet und sie meiner Finanzkram-Allergie vorgestellt. Sie mögen sich.

Mami –
entspann dich

Manchmal bin ich richtig gerne Mutter.

Christa Budde

Manchmal bin ich richtig gerne Mutter. Zum Beispiel, wenn mir mein dreijähriger Sohn seine weichen, runden Arme um den Hals legt, sein Gesicht an meines legt und dabei wohlig seufzt.

Weniger gerne bin ich es, wenn er nur unter Dauergeschrei bereit ist, sich selber anzuziehen; aber fast zur Kindsmörderin werde ich, wenn er mit genüsslichem Grinsen seine Nudeln vom Teller nimmt und auf den Boden schmeisst oder sie mit gekonntem Wurf im Gesicht eines seiner Geschwister landen lässt.

Warum tut er das? Sollte nicht gerade ihm an einer ausgeglichenen, fröhlichen Mami liegen? Eine die ihm zugurrt, wie süß er ist, ihm zum dritten Mal hintereinander Hänsel und Gretel vorliest und ihm ein Eis spendiert, weil er sich so gut zu betragen weiß? Macht er das um meine Grenzen auszuloten? Ist er ein zukünftiger Theaterregisseur, der die schauspielerischen Fähigkeiten seiner Mutter testet? Nimmt er Rache? Und wenn ja, wofür?

Durch empirische Experimente lässt sich den Dingen am besten auf den Grund gehen. Als das nächste Mal die Nudeln quer über den Tisch flogen, brach ich in ein herzliches Gelächter aus. Es klang etwas gekünstelt, aber doch wie ein Lachen. Mein Sohn lachte auch und –

schmiss weiter. Das konnte es also nicht sein. Ich schimpfte. Mein Sohn lachte. Meine naturwissenschaftliche Neutralität schrumpfte auf einen Wert unter Null. Ich war keine unbeteiligte Beobachterin mehr, die durch Versuche dem Verhalten ihres Kindes auf den Grund gehen wollte. Ich war beteiligt und wie. Meine anderen Kinder schauten interessiert und mein Sohn schmiss weiter. Ich griff in meinen Teller, zielte und warf eine Handvoll schmieriger, tomatensoßenbedeckter Nudeln in das grinsende Gesicht meines Sohnes. Das Lachen verstummte schlagartig. Es verwandelte sich in ein erschrecktes Schweigen. Auch die anderen blickten entsetzt auf ihre triumphierend nun wirklich von Herzen grinsende Mutter. Ich griff zum Nudeltopf. Die Geschwister sprangen auf, stellten sich abwartend an die Zimmertür, bereit zur Flucht. Mein Sohn flüsterte ein ungläubiges „Mama?", dann duckte er sich unter den Tisch. „Alle wieder herkommen", kommandierte ich. „Gefahr gebannt. Und du mein Sohn, du gehst ins Bad und wäscht dich." Manchmal helfen einem die besten Erziehungsratgeber nichts. Ich bin immer mehr für Erziehung aus dem Bauch raus, dabei habe ich dann wenigstens auch mal etwas zu lachen.

P.S. Diese Geschichte ist natürlich NIEMALS, wirklich NIEMALS so passiert, denn NIEMALS würde ich eines meiner Kinder mit Nudeln bewerfen, es sei denn ...

Ein Königreich für ein Zeitfenster

Stefanie Burr

Ich werde diese Geschichte nicht pünktlich abliefern. Die Kinder sind krank, der Schreibtisch ist voller Arbeit und von der unaufgräumten Bude möchte ich gar nicht reden. Hier irgendwo muss sich doch ein kleines Zeitfenster auftun. Irgendwo? Ein Klitzekleines? Es wäre natürlich einfach, hätten wir einen Fernseher. Aber nein, so leicht machen wir es uns nicht! Es geht auch ohne, da sind wir fest überzeugt. Jetzt, wo sie so schön spielen, müsste es doch klappen. Den Rechner angeschaltet und los geht's. Das Thema Plätzchenbacken wäre doch gut – mit einer mehlbestäubten Küche, Eierschalen in der Schüssel, einem verklebten Boden und dass ich es in meiner langen Kuchenteignaschkarriere nicht einmal erlebt habe, dass man vom rohen Teig Bauchschmerzen bekommt.

Doch bevor ich den ersten Gedanken aufgeschrieben habe, weint schon die Große: Der Kleine sei doof und mache ihr immer alles kaputt. Der wiederum hat Durst. Inzwischen ruft das Mädchen nach Klopapier. Auf dem Weg ins Bad fällt mir zum Glück noch die Wäsche ein. Morgen geht es wieder in den Kindergarten – das Bettzeug muss zunächst einmal sauber und dann auch noch dringend trocken werden. Kannst du uns jetzt einen

Apfel aufschneiden? Und vor mir immer noch ein leerer Bildschirm. Wieso zum Teufel haben wir keinen Fernseher?!

Das Wasserglas ist inzwischen umgestoßen. Die Große hat geschubst, der Kleine heult. Mama, ich brauche die Schere. Und den Klebestreifen. Der Kleine rennt mit den Stiften davon, die Große stolpert bei der Jagd und braucht mindestens drei Trostpflaster. Sagte ich, die Kinder seien krank? Ich stelle das Mittagessen auf den Herd. Mama, schau mal, was wir gebaut haben …

Es reicht. Genug ist genug. Ich suche den alten Laptop und finde ihn sogar mit Ladekabel. Zeitfenster, du bist so nah! 23 Minuten und 45 Sekunden HEIDI auf Youtube. Stille.

Da höre ich es plötzlich: Das Piepen des Grauens.

Die Waschmaschine ist fertig.

Wilde Tiere in unserem Schlafzimmer

Stefanie Burr

Liebe Evolution. Sei mir nicht böse. Du bist großartig und hast schon so viel geleistet: Den aufrechten Gang, die Abschaffung von Ganzkörperbehaarung oder unnützen Körperteilen zum Beispiel. Wahnsinn! Aber bei einer Sache hast du geschlampt. Und darüber will ich mich heute beschweren.

Schau mal, wir Mütter der heutigen Stressgesellschaft brauchen einfach mehr Tiefschlaf. Vielleicht ist dir entgangen, dass nicht mehr hinter jedem Baum ein Säbelzahntiger lauert. Ja, wir schlafen heute in unseren Wohnungen sogar sehr sicher. Nicht jedes achso kleine Geräusch ist ein Warnsignal, das uns in Handlungs-bereitschaft versetzen muss. Das Knacken im Fußboden bedeutet nicht den Anmarsch einer räuberischen Horde, ein bisschen Hüsteln ist kein Anzeichen für eine Lungen-entzündung, ein nächtlicher Seufzer nicht Anhaltspunkt für eine drohende Entführung. Und wenn hier mal einer kurz aufjault ist es kein Wolf, sondern der Göttergatte, der trotz des großen Familienbettes von links oder rechts einen Tritt in die Zwölf bekam. Nein, für solche Kleinig-keiten muss Frau nicht aufwachen. Aber was machst du? Fährst weiterhin unbeeindruckt dein nächtliches Aufgepasst-Mutter-beschütze-dein-Kind-Programm!

Aber es kommt ja noch schlimmer. Wir haben heute schon tolle Männer, das muss ich dir lassen. Elternzeit, Haushalt, Freizeitgestaltung – überall mischen sie mittlerweile erfolgreich mit. Nur bei der Nachtruhe können sie uns kaum entlasten. Aus deiner prähistorischen Perspektive müssen sie morgen nämlich immer noch das nächste Mammut erjagen und brauchen anschließend gaaanz viel Erholung durch einen unerschütterlichen Schlaf. Und während ich nach allen Schniefern und Mauzern der Kinder wie gerädert aufwache, gibt meine bessere Hälfte ein tiefenentspanntes „War das 'ne ruhige Nacht!" von sich. Dabei geht er ins Büro. Weder tagelanges Wandern, noch gefährliche Kämpfe, noch Hungerleiden. BÜRO!

Seien wir doch mal ehrlich: Die wahren Mammutaufgaben leisten heute wir Mütter. Denn zum Beerensammeln, Essenmachen und Kinderkriegen sind in den vergangenen 40.000 Jahren doch ein paar Pünktchen dazu gekommen. Ok, das Meiste davon in den letzten fünf Jahrzehnten und vielleicht hat dich dieses Tempo etwas überfordert. Dabei habe ich schon von seltenen Fällen gehört, bei denen weibliche Homo Sapiens trotz der in der Nähe ruhenden Kinder in einen männermäßigen

Tiefschlaf fallen können.

Ich weiß, für mich ist es wahrscheinlich schon zu spät. Aber vielleicht hast du ja eine Art Spontanreaktionsprogramm auf Lager? Komm schon. Bei der Entwicklung von Krankheitserregern legst du doch auch immer den Turbogang ein. Bitte, liebe Evolution, schenk mir und allen, die es brauchen Tiefschlaf!

P.S. Als der beste Mann von allen das heute Morgen las, fand er es mächtig stereotyp. Ok, er hat recht. Aber er hat ja auch ausgeschlafen!

Ich will doch nur dein Bestes!

Christa Budde

Ich möchte natürlich auch, dass aus meinen Kindern etwas wird. Dass sie mal einen guten Job haben und genug Geld verdienen. Aber meine Nachbarin übertreibt wirklich. Sie hat ihren Sohn bereits jetzt beim DFB (für Nichtfußballspieler: Deutscher Fußballbund) angemeldet, weil sie sich sicher ist, dass ihm eine glanzvolle Karriere als Fußballprofi bevorsteht. Dabei ist er erst fünf! Und nur, weil er neulich in einem Turnier das einzige (!) Tor geschossen hat, heißt das noch lange nicht, dass er es bis zum Profi bringt. Jeden Morgen geht sie mit ihm joggen, damit er in Form kommt. Zusätzlich zu zweimal Training in der Woche geht sie zweimal pro Woche nachmittags mit ihm zum Bolzplatz und übt Tore schießen. Ich begnüge mich damit, durch die Gardine zu spähen und mich über ihre ungeschickten Torwartversuche zu amüsieren. Am Wochenende ist ihr Mann dran. Samstags und sonntags. Falls es mit dem Fußballspielen nicht klappen sollte, hält meine Nachbarin noch zwei weitere Karrieren für ihren Sohn bereit: Einmal pro Woche geht sie mit ihm zum Hochbegabtentraining, damit es auf jeden Fall mit dem Jura- oder Medizinstudium klappt. Abends höre ich ihren Sohn Trompete blasen. Jeden Abend. Das ist nämlich die dritte mögliche Karriere:

Musikstar. Ich finde das ganz schön übertrieben. Was der Sohn davon hält? Ich weiß es nicht genau. Neulich traf ich ihn allerdings nachts im Garten. Er war gerade dabei, ein großes Loch auszuheben um seine Trompete darin zu vergraben. Schadenfroh half ich ihm dabei. Dabei stießen wir auf etwas Hartes. Wir gruben weiter. Zum Vorschein kam der Geigenkasten meines Sohnes. Also da hat der Schlawiner ihn versteckt! Genutzt hat es ihm wenig. Wir haben einfach ein Klavier gekauft. Darauf kann er schon viel besser spielen als der Nachbarsjunge auf seiner blöden Trompete. Auch im Sport sind wir wesentlich weiter. Wir haben längst zu einem Verein gewechselt, der viermal pro Woche Training anbietet. Schließlich soll mein Sohn mal die besten Chancen haben!

Ein Plädoyer für das Unperfekte

Stefanie Burr

Ich wünschte, ich könnte zaubern. Ich würde jeder Mama einen unsichtbaren Mantel schenken. Einen dicken Mantel, an dem der ganze Druck von außen abprallt und der sie einhüllt in Selbstvertrauen und Liebe. Warum? Weil ich immer mehr Mütter treffe, die einfach ausgebrannt sind. Weil Frauen – wie schon so oft beschrieben – heute nicht nur fürsorgliche Mütter, sondern auch erfolgreich im Job sein müssen. Weil sie aufmerksame Gastgeberinnen und Deko-Queens sein sollen und dabei schlank, attraktiv und modisch gekleidet. Sie müssen Ernährungsexpertinnen sein, sich in Kindergarten und Schule engagieren, Kuchen backen, kreativ basteln und an Arbeitseinsätzen teilnehmen. Eine Demo für den Frieden sollte auch noch reinpassen. Da Eierlaufen und Sackhüpfen nicht mehr en vogue und Kindergeburtstage durchgestylte Themenpartys sind, müssen sie auch Eventmanagerinnen sein. Sie müssen wissen, was auf Facebook geht und in welchem Onlineshop man am günstigsten an Kinderschuhe kommt. Überhaupt müssen sie darauf achten, dass die Kleinen immer hübsch gekleidet sind – am besten mit Selbstgenähtem! Ganz nebenbei halten sie die Familie und den Freundeskreis zusammen. Von einer sauberen Wohnung fange ich gar nicht erst an. Und anstatt abends erschöpft ins Bett zu fallen, schauen sie sich in pastellfarbenen Blogs an, wie schön, entspannt und erfolgreich andere Mütter sind.

Keine Frage: Vieles macht ja auch Spaß. Wirklich. Vielleicht erkennen wir einfach zu spät, wenn das Gesamtpaket zu groß wird. Wir sortieren zu wenig, was wirklich wichtig ist und denken, wir müssten alles schaffen. Dabei sind es ja tatsächlich die vielen Kleinigkeiten, die in der Summe das Gezerre ausmachen. Ein Beispiel:

Neulich Nachmittag erfuhr ich beim Abholen der Großen, sie möge am nächsten Tag einen Pflanztopf in den Hort mitbringen. Nachdem alle Kinder zu Hause, der Einkauf ausgepackt, das Abendbrot vorbereitet, die Wäsche aufgehängt, die Kinder gestriegelt und endlich im Bett waren, schaute ich im Keller nach und stellte fest: Keiner mehr da. Ich fand eine Alternative ohne Loch und gab ihn der Großen mit. Die erzählte mir am nächsten Tag, dass der Topf etwas bemängelt wurde – im Baumarkt gäbe es doch schließlich welche. Ich fragte mich, an welchem Punkt des Abends hätten wir denn noch dahin fahren sollen? Ich nahm es nicht persönlich, denn ich hatte meinen unsichtbaren Schutzmantel an.

Liebe Mamas, an dieser Stelle muss ich mal etwas loswerden: Ihr seid großartig! Bitte nehmt das alles nicht so ernst. Ihr habt nach dem Sonntagsbad mal wieder vergessen, den Kindern die Fingernägel zu schneiden? Die Erzieherinnen werden es sicher nicht dem Jugendamt stecken. Der Kuchen für den Kindergarten-Geburtstag ist diesmal nur gekauft und nicht selbst gebacken? Den Kindern ist es egal. Ihr habt verschlust, Eier für die Kita auszupusten? Ostern fällt deshalb nicht aus. Auf euren Fenstern kann man bald SAU schreiben? SO WHAT!

Passt auf euch auf! Und wenn ihr mich dabei erwischt, dass ich es anders mache: Tickt mich an. Danke.

SAU

Helikopter-Eltern

Christa Budde

Helikopter-Eltern? Also zu denen gehöre ich wirklich nicht. Natürlich möchte ich ab und zu wissen, wo mein Kind gerade was macht. Das ist ja normal. Neulich zum Beispiel, da wollte mein neunjähriger Sohn tatsächlich mit seinem Freund im Wald spielen. Einfach so. Bei uns vor der Haustür ist so ein schöner Spielplatz. Da kann ich sie auch gut vom Küchenfenster aus sehen. Aber in den Wald? Natürlich weiß ich als Biologin, dass Wölfe niemals jemanden angreifen, es sei denn man reizt sie. Aber der Wald ist groß. Es lauern dort echt viele Gefahren. Man kann sich verirren. Ein Ast kann einem auf den Kopf fallen. Mein Sohn könnte auf die blöde Idee kommen, auf einen Baum zu klettern und abzustürzen. Oder einen giftigen Pilz zu essen. Außerdem haben Jungs sowieso immer gleich Stöcke in der Hand, wenn sie in einen Wald gehen. Wenn sie damit rumfuchteln – schon ist ein Auge weg. Allerdings könnten sie sich mit den Stöcken wehren, falls sie überfallen werden. Im Wald ist ja niemand, der ihre Schreie hören könnte. Der Mörder ist immer der Förster. Ach ne, das war ja der Gärtner. Ist ja auch egal. Gefährlich bleibt der Wald allemal.

Ich schlage meinem Sohn daher vor, dass sie sich bei uns treffen und wie gewohnt an ihren Tablets spielen. Murrend verschwinden sie in seinem Zimmer. Am nächsten Tag fängt er wieder mit der Waldidee an. Keine Ahnung, warum. Wahrscheinlich hat er heimlich irgendein Buch gelesen, das ich nicht ausgesucht habe und in dem vom Spielen im Wald geschwärmt wird. Morgen früh, wenn er in der Schule ist, muss ich unbedingt vor der Arbeit sein Zimmer durchsuchen. Das wäre ja noch schöner, wenn er jetzt auch noch Bücher liest, die nicht von mir abgesegnet sind!

Heute hat mein Sohn noch nichts von Wald gesagt. Er verschwindet zu seinem Freund. Sicherheitshalber hole ich mein altes Fernglas hervor und beobachte das Haus seines Freundes. Bald kommen die Beiden heraus und gehen – zum Wald! Das ist wirklich die Höhe! Ich ziehe mich in Windeseile an und mache mich an die Verfolgung. Mal sehen, ob er wenigstens sein Handy dabei und an hat. Ich wähle seine Nummer. Niemand geht ran. Wie gut, dass ich meines dabei habe. Dann kann ich wenigstens den Krankenwagen rufen, wenn einer verunglückt ist. Die beiden verschwinden zwischen den Bäumen. Ich pirsche mich vorsichtig näher. Dann entdecke ich einen Superkletterbaum. Schnell schwinge ich mich auf die unteren Äste. Gelernt ist gelernt. Ich war früher fast jeden

Tag im Wald. Da sind ja die Beiden! Sie sitzen tatsächlich nur rum und quatschen. Wie langweilig! Im Wald kann man doch wirklich was Anderes machen! Dann – ich traue meinen Augen kaum – ziehen sie ihre Tablets heraus und fangen an zu spielen. Das gibt's doch wohl nicht! Das können sie doch zu Hause machen! Ich halte es nicht mehr aus und springe von meinem Baum runter. „Habt ihr nicht den Superkletterbaum gesehen? Außerdem liegen hier massenhaft Stöcke rum, um ein Lager zu bauen?", mecker ich sie an. „Wir dürfen doch nie her", schreit mein Sohn zurück. „Jetzt wissen wir eben gar nicht mehr, was man hier machen soll." Reumütig gebe ich ihm Recht. Ich nehme ihn in den Arm und verspreche Besserung. Es wird ein lustiger, abenteuerlicher Nachmittag. Wir bauen ein Lager, legen ein Munitionslager mit Tannenzapfen an, klettern auf Bäume. Ab morgen dürfen sie alleine hier spielen. Versprochen! Zum Glück habe ich ja auch noch mein Fernglas. Das Lager haben wir zufällig so nahe an den Waldrand gebaut, dass ich es gerade noch vom Küchenfenster aus sehen kann. Aber psst!

Wer zockt hier?

Christa Budde

Es ist ein Dauerthema – das Zocken unserer Kinder an Tablets und Smartphones. Und es sorgt für viel Streit. Neulich habe ich in einer Radiosendung gehört, dass sich bereits das Gehirn unseres Nachwuchses verändert. Der Bereich für den Daumen hat sich vervielfacht. Welcher Teil dafür kleiner geworden ist, wurde nicht erwähnt. Ich ahne es: Es wird der Geschmacksteil sein, denn den brauchen sie nicht, wenn sie während des Zockens ihr Essen in sich hineinschaufeln. Oder der Sprachteil, denn unterhalten braucht man sich im Zeitalter von WhatsApp auch nicht mehr. Also, ich kann diesem ganzen Zeug überhaupt nichts abgewinnen.

Bei uns ist die Zockerzeit natürlich begrenzt und wenn die Kinder murren, ermuntere ich sie, draußen zu spielen oder wenigstens drinnen etwas Sinnvolles zu tun wie Lesen, Hausaufgaben machen oder Stricken. Aber meine Vorschläge stoßen auf taube Ohren und ganz schnell haben sie wieder ihre elektronischen Spielgeräte in der Hand.

Neulich kamen meine Kinder mit einem neuen Spiel nach Hause. Es heißt „World Chef" und erlaubt einem, sich ein Restaurant aufzubauen. Ich wundere mich ein bisschen über ihr plötzliches Interesse am Essen, allerdings ist es nur virtuell. Begeistert halten meine Kinder mir ihre Tablets unter die Nase. „Schau mal, Mama, hier kann man sich die Tischdecken aussuchen und hier kann man Sushi kochen." Ich muss zugeben, dass das Spiel grafisch nicht schlecht gemacht ist.

„Halt mal kurz", sagt mein Sohn und verschwindet auf der Toilette. Ich betrachte das Spiel genauer. Da blinkt was. Aha, da muss ich ein Gericht abholen. Schwups, schon ist es serviert. Ui, jetzt kriege ich dafür sogar (virtuelles) Geld. Und schon winkt der nächste Gast. Was der wohl will? „Hey Mama, was machst du denn da?" Mein Sohn nimmt mir empört das Tablet wieder weg.

Abends lade ich mir heimlich das Spiel auf mein Smartphone. Ich möchte mir den Sushikoch nochmal genauer ansehen. So vom Grafischen her.

Aber was ist das denn? Den Sushikoch kann ich erst bei Level fünf freischalten. Das ist doch wohl die Höhe! Die halbe Nacht arbeite ich bei „World Chef".

Am Nachmittag erkundige ich mich scheinheilig bei meinen Kindern nach ihren Fortschritten bei „World Chef". Dabei erfahre ich, dass es ab Level fünfzehn sogar einen spanischen Koch gibt. Na, das wäre doch gelacht, wenn ich den spanischen Koch nicht vor meinem Sohn freischalten könnte! Wenn ich gleich weiterspiele, habe ich noch alle Chancen. „Wow, du hast dir auch ein Spiel runtergeladen", beglückwünschen mich meine Kinder. Sie zwinkern sich fröhlich zu. Bis sie eine Zockpause machen.

„Kannst du mich bitte Englisch abfragen?", bittet meine Tochter. „Jetzt nicht, Schatz", sage ich abwesend, „die Spaghetti sind gleich fertig und der Gast wartet schon so lange." „Aber Mama, ich schreibe morgen die Klassenarbeit!" Ich antworte nicht, denn gerade bin ich ein Level weiter gekommen. Mein Sohn will irgendetwas wegen seiner Fußballklamotten. Aber ich höre nicht richtig hin. Meine Kinder sind entsetzt. Mama zockt! Und ist nicht mehr ansprechbar. Ich weiß gar nicht, was sie haben, sie müssten das doch am besten verstehen?

Wieder ein Level weiter. Muss jetzt mit dieser Geschichte Schluss machen. Gast möchte Bestellung aufgeben.

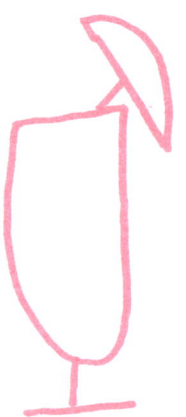

Neulich am Mittelmeer

Stefanie Burr

Neulich habe ich eine halbe Stunde lang geduscht. Einfach so, ganz allein. Niemand musste aufs Klo, keiner war feeertig. Auch die Waschmaschine lief nicht. Während ich mit geschlossenen Augen dastand und den warmen Regen genoss, sinnierte ich, was ich als Nächstes tun könnte. Runter in dieses niedliche Restaurant an der Ecke gehen und was Leckeres bestellen, zum Beispiel. In Ruhe essen. Ich würde jeden Bissen genießen, ohne etwas kleinmantschen oder in kindgerechte Stücke schneiden zu müssen. Ohne Gesabbel und Gemäkel. Dafür mit einem anständigen Glas Rotwein. (Sagte ich Glas? Karaffe!) Ich könnte mich auch einfach noch mal hinlegen. Fantastische Idee.

Nachdem ich gegessen UND geschlafen hatte, machte ich einen Strandspaziergang. In einem hellen Hippiekleid, dessen Muster weder aus Schnotter noch aus Essenflecken bestand. Die Luft war herrlich warm. Während ich mit den Füßen durch das türkisblaue Wasser schlenderte, achtete ich nicht darauf, ob irgendjemand zu weit reinläuft. Ich schleppte nicht mal einen Versorgungsrucksack. Oder ein Kind. Oder Stöcker und Steine. Oder ein Kind und Stöcker und Steine. Ich setzte mich in den feinen weißen Sand und beobachtete verträumt, wie die Sonne den romantischsten Abgang aller Zeiten machte. Ich freute mich wie ein Keks auf die abendliche Strandpromenade – die bunten Lichterketten zwischen den Palmen, die Straßenmusiker und den Duft der gebrannten Mandeln, die ich mit niemandem teilen müsste. Ich überlegte gerade, an welchem Cocktail ich später nippen würde, als jemand an meinem Kleid zupfte. Oh! Mein! Gott! Alles so schön hier und dann sexuelle Belästigung am Urlaubsort? Das darf doch nicht wahr sein. Ich wollte mich just umdrehen, da fühlte ich eine Hand. Direkt an der Brust!

Und dann geschah das Fatale: Ich merkte, dass ich aufwachte. Die Augen noch geschlossen und ein Bein im Mittelmeer versuchte ich meinem Schicksal zu entfliehen. Vergebens. Ich merkte, wie mich die Realität in ihre starken Arme schloss und stieß innerlich einen der lautesten Flüche meines Lebens in den Morgenhimmel. Sch...!!! Worte können nicht beschreiben wie bockig ich war, so bockig war ich.

Aber, dann öffnete ich die Augen. Der kleine, energisch an mir zupfende Bursche strahlte mir unwiderstehlich ein „Mama Milch" entgegen. Und während ich mein Shirt lupfte, stellte ich fest, dass er über Nacht schon wieder süßer geworden ist. Genau wie das Mädchen, das neben mir noch fest schlief. Wie friedlich sie dalag. Hinter mir hatte sich der große Bursche schon an meinen Rücken gekuschelt. Und der beste Mann von allen schaute mit erhobener Brötchentüte zur Tür herein. Sonntag. Ach, wer will schon alleine urlauben, wenn er dieses Glück haben kann.

Die lieben Kleinen

Frei Schnauze

Stefanie Burr

Neulich besuchte uns unser Freund Jakob, der vor einigen Jahren recht spät noch einmal Vater geworden war. Seine zauberhafte Tochter erzählte uns nun, dass sie im Kindergarten in zwei Jungs verliebt sei. Ich sagte scherzhaft, ich fände das durchaus praktisch – dann hat man immer noch einen, wenn der andere mal weg ist. Unser Mädchen empfahl mir daraufhin, als Verliebten auch noch Jakob zu nehmen, falls Papa mal nicht da sei. „Aber der ist doch viiieeel zu alt!", platzte Jakobs Tochter energisch heraus. Wir haben gelacht.

Ich liebe die Unbefangenheit der Kinder. Ihre ehrliche Gewitztheit – toll! Solange sie mich dabei nicht in die Pfanne hauen. So wie neulich im Bus, als ich von meinem eigenen Nachwuchs wegen eines komischen Geruchs öffentlich hingerichtet wurde. Völlig zu Unrecht natürlich. „Mama, hast du gepupst?" Ich schaute mein Kind nachdrücklich an: „Nein, habe ich nicht." Um den Ernst der Lage zu unterstreichen schaute ich noch einmal sehr, sehr nachdrücklich. Mein Kind interessierte das nicht die Bohne. Unbeeindruckt und mit noch lauterer Stimme sagte es: „Doch, du hast gepupst!" „Nein!" „Doch!" „Nein!" „Na klar!" – „Habe ich nicht!"

Ja, ihr schmunzelt. Alle anderen im Bus taten das auch.

Das Duell hätte noch ewig so weiter gehen können, aber ich beschloss aufzugeben. Irgendwann erkannte ich, dass es würdevoller wäre, mich den Fahrgästen anzuschließen und einfach darüber zu lachen. Ich hätte nur gern gewusst, was für ein inneres Freudenfest der eigentliche Pupser gefeiert hat.

Gelassenheit und Humor gehören dazu, wenn man das Leben mit Kindern meistern will. Dies bewies kürzlich auch eine liebe Nachbarin, die ganz frisch vom Friseur kommend mit staunenden Augen von unserem Mädchen befragt wurde, ob sie heute eine Perücke trage. Richtig unangenehm war eine Situation, als das aufgeweckte Kind eine korpulente Frau interviewte, ob sie eigentlich eine Frau oder ein Mann sei. Sie antwortete: „Eine Frau", und legte mit einer rhetorischen Gegenfrage nach: „Wegen meiner tiefen Stimme, ne?" Da trällerte das Mädchen ein: „Nein, weil du so dick bist!" zurück. In diesem Augenblick habe ich mich auf einen fernen Stern gewünscht.

Dabei kann es immer noch schlimmer kommen. Es war ein vertrödelter Morgen und die Zeit lief irgendwie gegen mich. Die Kinder waren schon komplett fertig – nur ich musste mich noch anziehen, als ein früher Vogel von Geschäftskunde auf die Idee kam, etwas Wichtiges mit mir telefonisch zu besprechen. Wie immer landete unser Mädchen mittels eines Hechtsprungs am Hörer, bevor es ein zweites Mal klingeln konnte. Während ich im Schlafzimmer auf einem Bein stand und noch einen prüfenden Blick auf meine Wäsche warf, schaute das herrlich ehrliche Kind zu mir herein. Dann wimmelte es den Kunden freundlich, aber bestimmt ab: „Nein, Mama kann grad nicht. Die muss noch schauen, ob ihr Schlüpfer rechts oder links rum ist." Schwarzes Loch, wo bist du?

Im Gleichen wäre wohl auch gern die Frau versunken, die im Restaurant einmal auf unsere zweijährige Tochter traf. Letztere hatte durch einen Toilettengang gerade selbst herausgefunden, wohin diese eine spezielle Tür führte. Als nun besagte Frau dort herauskam, stieg unser Kind auf den Stuhl, streckte den Finger in ihre Richtung aus und rief durch den ganzen Saal: „Da! Die hat gekaaackert"!

Wie schön, dass man irgendwann drüber schmunzeln kann, nicht wahr?

Arztbesuch

Christa Budde

Heute Nachmittag muss ich mit den Kindern zum Arzt. Zum Impfen. Natürlich werden nur die Kinder geimpft – nicht ich. Seit ich denken kann, habe ich einen solchen Horror vorm Impfen, dass ich schon schreie, wenn ich nur das Wort höre. Einmal sollten wir tatsächlich in der Schule geimpft werden. Ich schrie, einmal aus Empörung darüber, dass wir nichts ahnend in der Schule erschienen waren, um zu lernen, und uns nun mit Dingen konfrontiert sahen, die für mich schlimmer als zehn Referate und Klassenarbeiten auf einmal waren. Außerdem schrie ich natürlich auch aus Angst. Zu guter Letzt verbarrikadierte ich mich im Klo und kam erst wieder raus, als der letzte Bus abgefahren war. Da ich der Impfung entgangen war, lief ich gerne die sechs Kilometer nach Hause. Seitdem ging ich weder gerne zur Schule noch zum Arzt.

Meine Kinder sind da ganz anders. Sie sind schon fast begeisterte Arztgeher. Manchmal erinnern sie mich an die alten Leute, die zum Arzt gehen, nur um sich mit Jemandem zu unterhalten. Erst neulich kam mein Sohn mit einem hinkenden Bein nach Hause. Es war das linke Bein. Er konnte kaum noch laufen. Er schimpfte zähneknirschend auf die größeren Kinder, die ihn alle beim Fußballspielen in der Pause gefoult hätten. Er hatte solche

Schmerzen, dass er freiwillig auf sein Fußballtraining am Nachmittag verzichtete. Das schien mir bedenklich und wir fuhren zur Ärztin. Wir mussten lange warten. Mein Sohn las sämtliche im Wartezimmer liegenden Bücher und Zeitschriften und betrachtete interessiert die Fische im Aquarium. Endlich hatte die Ärztin Zeit für uns. Wir betraten das Behandlungszimmer. Die Ärztin wandte sich gleich an meinen Sohn: „Na, tut was weh?" Ausführlich erzählte mein Sohn ihr von den vielen Fouls, schweifte dann ab zu den letzten Fußballergebnissen seiner Mannschaft und beendete seinen Bericht mit den düsteren Aussichten für die nächsten Spiele. Die Ärztin nickte zu allem verständnisvoll. „Na, dann zeig mir mal dein Bein." Mein Sohn stöhnte: „Es tut auch weh, wenn ich es nicht bewege." Dabei streckte er ein Bein vor, es war das rechte! Die Ärztin ließ ihn auf und ab gehen, er hinkte mal mit dem Rechten, mal mit dem Linken. Ich errötete verschämt und entschuldigte mich dafür, dass wir ihre Zeit gestohlen hätten. Aber sie lächelte nur. „Das kommt vor", meinte sie beruhigend. „Hauptsache, es ist nichts gebrochen." Dann wandte sie sich an meinen Sohn: „Ich sehe: Du bist sehr tapfer! Deshalb die schlechte Nachricht zuerst: Ich kann dir leider nicht helfen. Aber die gute

Nachricht lautet: Du kannst nächste Woche wieder zum Training." Mein Sohn strahlte. Er verabschiedete sich überschwänglich von der Ärztin. Auf dem Nachhauseweg blickte er verträumt aus dem Busfenster: „Vielleicht werde ich später mal Arzt. Da kann man so gut über Fußball reden."

Zoobesuch

Christa Budde

Heute gehen wir in den Zoo. Er ist eines der Ausflugsziele, bei dem unsere drei Kinder (3, 5 und 7 Jahre alt) sofort „Hurra" rufen. Meine beiden Jüngsten packen ihr jeweiliges Lieblingskuscheltier ein: Einen großen Teddy und ein kleines Kaninchen, damit sie ihre Artgenossen besuchen können. Mein Siebenjähriger ist dafür schon zu cool.

Geschafft! Wir sind da. Gleich hinter dem Eingang befindet sich der erste Spielplatz. Die Kinder toben los. Da sich gleich nebenan ein Café befindet, genießen mein Mann und ich einen Cappuccino in der Sonne. Ein Kind schreit. Zwei andere Kinder haben es von der Schaukel vertrieben. Die zwei sind leider unsere. Wir lassen die Tassen stehen, rufen unsere Kinder und gehen weiter. Endlich kommen wir zu den Bären. Meine Jüngste presst ihren Teddy gegen die Scheibe und ist nicht mehr dazu zu bewegen weiter zu gehen. „Schau, die Löwen!", versuche ich zu locken. „Und, dort die Elefanten!", schiebt mein Mann hinterher. „Ich will zu den Kaninchen!", ruft meine Zweitjüngste. Nichts zu machen. Mein Sohn reißt seiner Schwester den Teddy aus dem Arm und rennt los. Wir traben im Laufschritt hinterher, meine Jüngste laut schreiend. „Der will mal was anderes sehen", erklärt der große Bruder seiner Schwester und hält den Teddy über den Zaun beim Pelikangehege, der sehr niedrig ist. Dann lässt er los. Das Geschrei verebbt abrupt.

Mein Mann schwingt sich tollkühn über den Zaun zu den wilden Tieren, ergreift den Teddy und kommt zurück. Glücklich nimmt meine Jüngste ihr Kuscheltier in den Arm und wirft ihrem Bruder bitterböse Blicke zu. Ein Tierpfleger kommt auf uns zu. „Sie dürfen die Gehege nicht betreten!", sagt er streng. „Ich musste einen Teddy-bären retten", erwidert mein Mann kleinlaut. Der Pfleger schaut auf unsere Tochter und ihren Teddy. „Der hat ihn reingeworfen", sagt sie und zeigt anklagend auf ihren Bruder. Der wird feuerrot. Muss er den Zoo jetzt verlassen? Wie viel Jahre gibt es für Teddybär-ins-Pelikange-hege-werfen? Der Pfleger nickt ernst. „Das hätte sehr gefährlich für die Pelikane werden können", sagt er zu meinem Sohn. „Immerhin ist das ein sehr großer Bär. Tu das nie wieder!" Mein Sohn nickt. Der Tierpfleger zwinkert uns zu und wir gehen erleichtert weiter. Bis zum Streichelzoo mit den Kaninchen. Meine Zweitjüngste setzt ihr Kaninchen zu den anderen und stellt es artig vor.

Dann springt sie zu den Schafen und Ziegen. Wir gehen weiter. Natürlich vergessen wir das Kaninchen. Es gibt so viel zu sehen! Erst als wir schon fast beim Ausgang sind, schlägt meine Tochter Alarm. Wir spurten beide zum Streichelgehege. Das Kaninchen ist weg. „Vielleicht ist es mit den anderen in den Stall gehoppelt?", fragt meine Tochter und legt sich bäuchlings vor den Stalleingang. Der Pfleger vom Vormittag kommt zufällig vorbei. „Na, wieder ein Tier ins Gehege gefallen?", fragt er freundlich. „Hoppel ist nicht reingefallen", erklärt ihm meine Tochter empört. „Er wollte mit den anderen spielen. Er ist bestimmt da reingegangen." Der Pfleger schließt das Kaninchenhaus auf. Aber Hoppel ist nicht im Stall. „Fragen Sie doch mal im Shop beim Ausgang", sagt der Pfleger. „Dort werden Fundsachen abgegeben." Wir gehen zum Shop. Und tatsächlich: Im Zooshop sitzt Hoppel vergnügt auf dem Tresen und wartet brav auf uns.

Zur Belohnung bekommt er noch zwei kleine Stoffkaninchen zur Gesellschaft, der Teddy eine Frau und mein Sohn eine große Holzschlange.

Geschafft! Wir machen uns auf den Heimweg: müde, dreckig, aber vollzählig.

Kindergeburtstag

Christa Budde

Mein Sohn hat bald Geburtstag. Acht wird er. Und natürlich will er ein paar Freunde einladen. Vor allem männlichen Geschlechts, aber auch ein Mädchen. Am liebsten möchte er die halbe Klasse einladen. Das möchte wiederum ich nicht. Wir einigen uns auf sieben Kinder. Es ist Sommer und es verspricht schönstes Wetter zu werden. Das Geburtstagskind in spe wünscht sich daher eine Schatzsuche, die wir gemeinsam vorbereiten. Auch wenn wir nicht immer einer Meinung über die gestellten Aufgaben sind (er möchte einen Schwertkampf mit echten Schwertern, ich hingegen pädagogisch Wertvolles), einigen wir uns schließlich doch. In den nächsten Tagen spurte ich durch sämtliche Büchereien und Buchgeschäfte bis ich endlich ein Buch gefunden habe, dass das gewünschte Abbild zeigt: einen Kuchen in Piratenschiffform. Am Abend vor dem großen Tag falte ich noch bis spät nachts kleine Schiffe aus Papierservietten und dekoriere den Kuchen.

Endlich bricht der Nachmittag des großen Tages an. Das Wetter ist bestens. Die Gäste trudeln ein. Das einzige Mädchen tritt meinem Sohn zur Begrüßung ans Schienbein und meine Sorge, dass sie bei den vielen Jungs nichts zu lachen hat, verflüchtigt sich. Die mitgebrachten Geschenke sind natürlich wie immer viel zu viel und viel zu groß, was mein Sohn klasse findet und mich einen Seufzer unterdrücken lässt. Als Erstes wird das Kuchenbuffet gestürmt. Mein Piratenschiffkuchen entlockt ihnen ein „toll", dann stürzen sie sich auf die Schaumküsse und die Gummibärchen. Mein selbst gebackener Kuchen wird probiert, der Rest auf dem Teller liegen gelassen. Aus Frust esse ich selber drei Stücke davon.

Ich schlage als Einstimmung auf den spielerischen Teil des Festes Topfschlagen vor. Da das Wetter schön ist, spielen wir draußen. Schon beim ersten Topfschlagen zerbricht der Kochlöffel, der den Kräften eines achtjährigen Jungen nicht gewachsen zu sein scheint. Die Kinder, die schon dran waren, mäandern im Garten umher und zupfen aus Langeweile meinen alten, englischen Rosen die Blütenblätter ab. Zwei fangen an zu kämpfen, wobei der Eine leider in den Brennnesseln landet. Wir haben den ersten Verletzten.

Ein Weiterer fällt in unseren Swimmingpool, der glücklicherweise nur für Nichtschwimmer konzipiert ist. Der Junge kommt prustend wieder heraus und ich stecke ihn in Klamotten meines Sohnes, die ihm viel zu kurz sind.

Während ich die neuen Sachen hole, springen drei weitere Kinder in den Pool, nachdem sie sich vorher ihrer Kleidung entledigt hatten. Eine riesige Wasserschlacht beginnt. Die Kinder, die am Rand stehen, werden klatschnass. Sie weigern sich aber, ihre Kleidung auszuziehen. Ich hole Handtücher und versuche alle zum Verlassen des Swimmingpools und seiner Umgebung zu bewegen. Schließlich wollen wir noch auf Schatzsuche gehen, die mein Sohn und ich vorbereitet haben. Ich schnappe mir meinen Sohn: „Wir wollten doch noch ...?" „Später, Mama", winkt er ab und springt wieder ins Schwimmbecken. Das Mädchen hat den Fußball entdeckt und kickt ihn ins Schwimmbecken. Großes Hallo. Mein Sohn kann keinem Ball widerstehen. Kaum sieht er einen, fangen seine Füße an zu zucken und zu dribbeln. Er erobert den Ball, hievt sich aus dem Becken und ruft: „Fußball!" Zwei Jungs bleiben im Wasser. Alle anderen spielen Fußball, bis ich die Würstchen serviere. Und die Schatzsuche? Mein Sohn spurtet zum Versteck, holt den Schatz ohne viel Federlesens herbei und verteilt alles unter den Gästen. Als der Letzte abgeholt wird, lehne ich mich erschöpft an die Tür. „War echt krass, dein Geburtstag", verabschieden sich die Freunde. „Nächstes Jahr machst du wieder so ein tolles Fest." Ich überlege kurz, ob ich bis dahin in ein Land auswandern kann, in dem kein Geburtstag gefeiert wird. Dann aber tröste ich mich mit dem Gedanken, dass mein Sohn nur einmal im Jahr Geburtstag hat und ich ihm in ungefähr acht Jahren sowieso höchstens noch gratulieren darf.

Jäger und Sammlerinnen

Christa Budde

Meine vier Kinder haben Besuch. Da das Wetter bestens ist, spielen sie im Garten. Ich mache es mir mit einem Buch auf der Terrasse bequem. Bald ertönt lautes Geschrei – der erste Streit. Ich lege seufzend das Buch hin, erhebe mich von meinem Stuhl und schaue um die Ecke. Die Jungs wollen Fußball spielen, die Mädchen auch. Aber die Jungs wollen, dass die Mädchen nur im Tor stehen, weil sie „mädchenhafte" Stürmer, sprich unzulängliche, sind. Ich erkläre ihnen, dass Mädchen genauso gut Fußball spielen können wie Jungs, dass es keine typischen Mädchen- und Jungsspiele gibt und ich erinnere sie daran, dass es die deutschen Frauen waren, die zweimal hintereinander die Weltmeisterschaft gewonnen haben. Die Jungs murren und geben nach: Na gut. Die Mädchen dürfen stürmen und ich ziehe mich auf die Terrasse zurück.

Als ich ein paar Kapitel gelesen habe, strecke ich mich erst mal. Es hat keinen weiteren Streit gegeben. War mein Eingreifen doch sinnvoll! Von wegen Fußball-spielen ist Jungssache ...! Ich gehe langsam in den rück-wärtigen Teil des Gartens und will sehen, wie das Spiel steht. Von Fußballspielern und Fußballspielerinnen keine Spur. Statt dessen haben die Jungs im hintersten Teil des

Gartens, der den Kindern zur Verfügung steht, Schützengräben ausgehoben. Als ich näher gehe, höre ich lautes Peng!Peng! und sehe, dass die eine Hälfte der Jungs sich anschleicht, während die anderen aus ihren Gräben mit Gewehrstöcken auf sie zielen. Ab und zu sinkt einer der Anschleichenden unter sichtbaren Anzeichen starker Schmerzen und mit kunstvollem Stöhnen getroffen zusammen. Die Mädchen sind nicht dabei. Ich entdecke sie in einer Hecke. Sie sammeln Blätter und ernten die ersten Johannisbeeren des Jahres, die sie im Puppengeschirr auf unserer Feuerstelle über einem imaginären Feuer zubereiten. Ich hole tief Luft und kehre zur Terrasse zurück, zu meinem Buch über geschlechterunabhängige Erziehung.

Gärtnern mit Kindern

Christa Budde

Ich liebe meinen Garten und die Natur und diese Liebe versuche ich meinen Kindern weiter zu vermitteln. Gleich beim Sandkasten in der Nähe legte ich daher das Kräuterbeet an. Ist es nicht absolut trendy, dass Kinder alles mit allen Sinne erleben sollen? Sie würden an den süsslichen Blättern des Basilikums riechen, den anregenden Duft des Rosmarins einsaugen und ihre kleinen Schnuppernäschen in die lila Blüten des Lavendels stecken. Ein Traum von einem pädagogischen Erfolgsrezept.

Ich grub die Erde um und bereitete sorgfältig den Boden vor. Dann säte ich die Kräuter ein. Um das ganze natürlich zu gestalten, hatte ich die hübsche Idee, Steine als Platzhalter zu verwenden. Mit regenfester Farbe schrieb ich die Namen des jeweiligen Krautes darauf. Nach getaner Arbeit schaute ich zufrieden mein Werk an und gelangte zu der Meinung, dass ich eine Tasse wohlriechenden Tees verdient hätte. Als ich mit meiner Teetasse in der Hand wieder zum Kräuterbeet trat, hatten meine Kinder die hübsche Idee gehabt, alle Steine auf einen Haufen zu stapeln. Auf dem obersten Stein stand kampfbereit ein kleiner Plastikritter, bewaffnet mit einem Schwert. Sprachlos starrte ich auf das gerade angelegte Beet. Was wuchs wo? Ich hatte keine Ahnung mehr, wo ich was eingesät hatte. Ärger rollte in mir in Wellen nach oben, wollte sich in Worte formen und sich in einer Schimpfkanonade über meine Kinder ergießen. Über meine vergebliche Mühe wollte ich ein paar ungeweinte Tränen zerdrücken, um meinen Kindern so richtig ein schlechtes Gewissen zu machen. Aber rechtzeitig verkroch sich der meine Gedanken vernebelnde Ärger und ich konnte wieder klar sehen: Die Kräuter würden auch ohne Beschriftung wachsen und was ich nicht erkannte, würden wir gemeinsam erkunden: durch Riechen, Schmecken, Fühlen. War nicht das vor allem der Sinn des Kräutergartens in der Nähe des Sandkastens gewesen? Ich schickte die Kinder mit ihren Gießkännchen los und sah frohen Mutes zu, wie sie das Beet eifrig bewässerten.

Anziehen

Beschriftete Kinder

Stefanie Burr

Wenn der Happy Racer von der California Highschool auf Baby Bear trifft und die Sweet Princess neben dem Cool Cop liegt, stehst du wo? Genau, in der Kinder-klamottenabteilung eines deutschen Durchschnitts-kaufhauses. Da gibt es kaum ein Teil, auf das nicht irgendetwas draufgedruckt ist. Das wurde mir kürzlich wieder klar, als ich fix ein paar Basics einholen wollte. Ja, das Internet ist voller schöner Sachen und ja, es ist schnell. Aber manchmal muss es eben noch schneller gehen. Und „Support your Locals" hin oder her – es muss mir schon gefallen, was ich da kaufe.

Und nun sagt mir mal: Müssen unsere Jüngsten wirklich rundum beschriftet sein? Die können doch nicht einmal lesen. Und wenn sie es könnten, würden sie sich fragen, was der ganze Quatsch soll. Denken die fraglichen Modemacher, die Käuferschaft ist total verblödet und sieht nicht, dass da ein Bär oder eine Eule auf dem Strampler ist? Wahrscheinlich. Denn sonst würden sie ja die Tiernamen nicht noch einmal direkt darunter schreiben. Kurioserweise meistens in einer Fremdsprache.

Wer zur Hölle denkt sich das aus? So einen würde ich gern mal treffen. Dann würde ich ihn fragen, warum auf meinem kleinen Mädchen Little Girl stehen soll. Ich meine, auf meinem Shirt steht doch auch nicht Big Mother. Mein Sohn ist auch kein kleiner Surfer. Der kann noch nicht mal schwimmen. Und meine Tochter war noch nie auf einer Tropical Island, höchstens im Spaßbad.

Immerhin scheint den Beschriftern die Zukunft unserer Jüngsten am Herzen zu liegen. Und weil Bildung im Ausland lebenslaufaufhübschend ist, werden die Pullöverchen vorsorglich schon mal mit London University, Alabama High oder L.A. College verziert. Na, das ist doch mal was für einen Vierjährigen! Urlaubstipps sind auch immer hoch im Kurs. Ganz oben California, mindestens aber Miami oder Hawaii. Gern in Verbindung mit Flower, Beach oder Sun. New York City geht auch immer. Genau so wie der Cop, der Racer oder irgendeine amerikanische Ballsportart.

Dass die Beschriftung hauptsächlich auf Englisch stattfindet, ist natürlich klar. Was wär schon ein Pullover mit „Uni Bochum", „Eckernförder Strand" oder „Guter Polizist?" Gar nicht auszudenken ein Kleidchen mit „Hiddensee Blume", ein Top mit „Schwerin Stadtmitte" oder ein Shirt mit „Hinterhof Prinzessin".

Ich habe am Ende doch noch ein paar Klassiker gefunden. Gepunktet, gestreift und fürs Mädel auch mit Herzchen.

In diesem Sinne beende ich diesen Text auf klamottisch: „Lovely Parents", bleibt „Strong Fighter" und genießt euer „Colourful Life" hier im „Fancy Germany". Und vor allem, lasst euch ja keinen „Bear" aufbinden!

Von Schweiß, Tränen und Zwiebelschichten

Stefanie Burr

Lieber Frühling, würdest du bitte aus den Puschen kommen? Nein, nicht wegen der zwitschernden Vögel. Auch nicht wegen der zarten Knospen oder den berühmten Gefühlen. Der einzig wahre Grund ist der winterliche Anziehwahnsinn. So sinnvoll das wärmende Zwiebelsystem auch sein mag – es bleibt eine Angelegenheit von Schweiß und Tränen.

Denn trotz frühzeitiger Ankündigung und lautstarkem Startsignal geht zunächst erst einmal gar nichts. Schließlich muss Nummer 1 ja noch schnell das Bild zu Ende malen. Nummer 2 will nicht mit und versteckt sich, während Nummer 3 erneut gestillt werden will.

Dann will Nummer 1 nicht in den Skianzug, weil der uncool ist. Sie ist von der Pubertät noch weit entfernt, demonstriert jedoch bereits eindrücklich wie man mit den Augen rollt. Außerdem ist die Lieblingsmütze weg. Die Gestrickte piekst, die Grüne rutscht und die Schlupfmütze ist einfach blöd. Nummer 2 bleibt im Versteck und verweigert sich ganz. Denn wer nicht mit will, muss sich auch nicht anziehen, folgert er logisch. Nummer 3 hat sein erstes Lebensjahr noch nicht vollendet, dafür bereits eine solide Mützenphobie entwickelt. Ich packe ihn in seinen Overall und stelle ihn schon mal in den

Flur. Als ich die Mützendiskussion mit Nummer 1 beendet und Nummer 2 unter Vortäuschung falscher Tatsachen aus seinem Versteck gelockt habe, sehe ich, wie Nummer 3 in die Hocke geht. Dann folgt der starre Blick. Oh nein! Oh doch! Die Buxe ist voll. Mit baumelndem Kopf schäle ich ihn wieder aus und wickele ihn, um ihn dann erneut rundum einzupacken – wobei der Protest proportional zu den Bekleidungsschichten steigt.

Nummer 1 ist mittlerweile im Anzug und Nummer 2 gesprächsbereit. Statt der Skihose will er die gefütterte Buddelhose. Aber mit der blauen Jacke, nicht mit der grünen. Ich merke, dass Nummer 1 vergessen hat, den Fleecepulli drunter zu ziehen. Nun fragt sie stöhnend, ob das sein müsse. Es muss. Es sind ja Minusgrade. „Papa hat aber vorhin gesagt, das ist heute gar nicht so kalt!" Aha. Der ist ja auch in fünf Minuten im warmen Büro.

Nummer 2 hat auch etwas vergessen. Nämlich, dass man zuerst die Buddelhose und dann die Jacke anziehen sollte. Also noch mal anders rum. Leider ist er nun irgendwie mit dem Fuß durch den Träger gestiegen und hat sich verheddert ...

Jetzt fehlt nur noch ein Handschuh. Immer fehlt irgendein Handschuh! Die gebetsmühlenartige Bitte, die Stiefel erst an der Tür anzuziehen, ist irgendwo zwischen „Mir ist heiß!" und „Ich kann aber wirklich schon allein zu Hause bleiben!", verhallt. Dicke braune Erdklumpen ziehen sich durch Flur, Küche und Kinderzimmer. Nummer 3 hält sie für essbar. Schließlich doch noch ein Grund zum Jubeln: Diesmal keine Ziegenfüße. Geht doch!

Alle sind angezogen und stehen abmarschbereit da. Unter der Winterjacke rinnen kleine Bäche an meinem Körper herunter. Ich ziehe die Wohnungstür hinter uns zu. Da schaut mich Nummer 1 verzweifelt an: Sie muss dringend aufs Klo. Dann ein Grinsen: „War nur ein Scherz, Mama!". Frühling, komm! Kriegst auch ein Eis. Oder zwei!

Mach doch mal!

Christa Budde

Haben Sie auch manchmal das Gefühl, dass Sie das langsamste Kind der Welt haben? Zu Hause fällt es vielleicht nicht so auf. Aber sobald man sich in den öffentlichen Raum begibt und das eigene Kind mit dem anderer Familien vergleicht, wird es offensichtlich.

Zum Beispiel beim Schuhkauf. Wir fahren in die Stadt, parken und gehen – langsam natürlich – zum Schuhladen. Mein Kind setzt sich auf die Anprobebank, wo bereits ein kleiner Junge sitzt und fern sieht. „Zieh schon mal die Schuhe aus", fordere ich es auf und suche die passende Schuhgröße. Endlich habe ich ein Paar gefunden, die auch meinem Geschmack entsprechen. Mein Kind hat eine Hand an seinem Schuh. Offensichtlich hatte es geplant ihn auszuziehen, war aber von etwas abgelenkt worden. Wie eingefroren hat es in seiner Bewegung verharrt. Ich kann nichts Aufregendes entdecken. Der Fernseher ist inzwischen aus. „Hallo", sage ich und schüttele es am Arm. „Ach so, ja", murmelt mein Kind und zieht endlich die Schuhe aus. Es schüttelt schweigend den Kopf, als es die Schuhe sieht, die ich ihm unter die Nase halte. „Ne, die sind hässlich. Und solche hat Willi." „Probier sie doch wenigstens mal an", mache ich einen Überredungsversuch. Mein Kind schüttelt hartnäckig den Kopf.

„Dann komm und suche mit aus." Mein Kind steht im Zeitlupentempo auf. Es schlurft zu den Regalen und zieht, immer noch im Zeitlupentempo, einen Schuh nach dem anderen hinaus. Es betrachtet den Schuh von allen Seiten. Will es mal Schuhverkäufer werden? Soviel ist doch an einem Schuh nicht zu sehen. „Welcher gefällt dir denn nun?", dränge ich. Mein Kind wiegt bedächtig den Kopf hin und her. Ich stöhne. „Jetzt mach doch mal." Während mein Kind weiterhin fachmännisch die Ware prüft, beobachte ich andere Mütter und Väter mit ihren Kindern. Die Kinder setzen sich hin, ziehen Schuhe an, rennen einmal um die Regale, nicken zufrieden, die Eltern nehmen die Schuhe mit zur Kasse, bezahlen und verschwinden wieder. So einfach kann das Leben sein. Nur der kleine Junge, neben den sich mein Kind anfangs setzte, ist immer noch da – vor sich einen kleinen Berg von Schuhen. Wahrscheinlich ist die Mutter geflohen. Inzwischen hat sich mein Kind für ein paar Schuhe entschieden. Es zieht sie – langsam natürlich – an und macht vorsichtig ein paar Probeschritte. „Nun renn doch mal", fordere ich es auf. Mein Kind macht noch ein paar Schritte. „Rennen", wiederhole ich genervt. Mein Kind lässt sich nicht beirren. Es wiegt sich vor und zurück, macht ein paar Hopser und erklärt dann, dass die Schuhe zu eng sind. Dasselbe Spiel geht mit dem nächsten Paar Schuhe von vorne los. Ich sitze inzwischen resigniert auf der kleinen Bank. Ab und zu murmel ich erschöpft: „Jetzt mach doch." Nach einer ewigen Zeit – so kommt es mir vor – hat sich mein Kind für ein paar Schuhe entschieden und wir gehen zur Kasse. Die Kassiererin lächelt freundlich. „Ich habe Sie beobachtet. Wie gut, dass Sie sich soviel Zeit gelassen haben. Wenn Sie wüssten, wie viele Leute gleich am nächsten Tag wieder kommen und die Schuhe umtauschen, weil sie nicht passen oder doch nicht gefallen." Mein Kind nickt begeistert. Ich lächle gequält, schließe mein zweitlangsamstes Kind – der kleine Junge sitzt immer noch da – in die Arme und gratuliere ihm zu seinem Schuhkauf. „Und jetzt gehen wir ein Eis essen", flüstere ich ihm ins Ohr. Und oh Wunder: Mein langsames Kind verwandelt sich in eine rasende Rakete mit direktem Anflug auf die Eisdiele.

Essen & Trinken

Kochen (ohne Kinder)

Christa Budde

Kinder müssen essen und Eltern müssen für dieses Essen sorgen. Waren früher die Eltern einfach froh, wenn die Kinder satt wurden und wuchsen, reicht das heute nicht mehr. An das Essen für Kinder werden heute hohe Anforderungen gestellt: Gesund soll es sein (um unser Gewissen zu beruhigen, dass wir nur das Beste für unser Kind wollen), schnell soll es gehen (damit wir nicht gleich die Lust verlieren, Essen zu kochen) und schmecken soll es auch (damit wir uns nicht vergeblich soviel Mühe gemacht haben). Nach diesen Gesichtspunkten versuche ich das Essen am Samstag zusammen zu stellen. Wie wäre es mit Spaghetti? Leider haben wir diese Woche schon dreimal Pasta in irgendeiner Form gegessen. Wie wäre es mit Gemüseeintopf? Sehr gesund und ich habe extra viel Gemüse gekauft. Das bedeutet allerdings auch, viel Gemüse schälen und lange Gesichter bei den Kindern. Ich inspiziere die Gefriertruhe. Sind nicht noch Würstchen da, die die Gemüsesuppe etwas bereichern könnten? Leider nein. Dafür entdecke ich vier Fertigpizzen. Ich greife gerade danach, als sich mein Gewissen meldet. Ist das gesund? fragt es. Ist die Pizza ökologisch, biologisch hergestellt? Wie viele Zusatzstoffe hat das Kind allein in der

Schulküche in dieser Woche schon zu sich genommen? Hat es nicht wenigstens am Wochenende das Recht auf eine ausgewogene, schadstofffreie, nach alten Gemüsesorten schmeckende Mahlzeit? Ich ziehe meine Hand zurück und schließe mit Nachdruck die Tür der Gefriertruhe. Ich will eine gute Mutter sein. Ich werfe einen Blick in den Küchenschrank. Vielleicht Milchreis? Kaum greife ich nach der Milchreistüte, erklingt wieder die Stimme meines Gewissens. Süßkram! Willst du, dass deine Kinder dick werden und mit zwanzig ihre Zähne voller Löcher sind? Und wenn sie hinterher gleich Zähne putzen?, wage ich aufzumüpfen. Pah, das glaubst du doch wohl selber nicht, entrüstet sich meine innere gute Stimme. Stimmt, das glaube ich selber nicht. Aber was dann? Doch Gemüsesuppe mit viel Gemüseputzen vor dem Kochen und langen Gesichtern nach dem Kochen? Ich wiege unschlüssig den Kopf hin und her. Ich entdecke zwei Dosen mit dicken Bohnen. Wenn ich die ein bisschen strecken würde ...? Aber mein Gewissen lässt sich nicht hintergehen. Wie? Dosenfutter? Am Wochenende? Dosenfutter ist für den Hund. Wir haben keinen Hund, wende ich schüchtern ein. Na und, sagt mein Gewissen, dann isst du die Dosen mal alleine, aber nicht die Kinder, diese zarten Geschöpfe, die noch wachsen sollen.

Eines meiner beiden zarten Geschöpfe betritt die Küche. „Was gibt es heute zum Mittag?" „Wahrscheinlich Gemüsesuppe", sage ich vorsichtig. Mein zweites zartes Geschöpf betritt die Küche. Es hat gerade noch das letzte Wort gehört. „Keine Gemüsesuppe!", schreit es in einer Lautstärke, die man bei einem so zarten Geschöpf nicht vermuten würde. „Dann gehe ich zum Mittagessen zu Max, dort gibt es heute Würstchen." Sein Bruder schnaubt: „Und ich? Was soll ich machen? Du bleibst gefälligst hier." Zur Bekräftigung gibt er ihm einen Klaps auf den Kopf. Der zarte Bruder bricht nicht zusammen, sondern schlägt zurück. Ich schiebe beide aus der Küche und marschiere in Richtung Gefriertruhe. Im Vorübergehen an meinen beiden zarten Jungen verkünde ich frohgemut: „Ihr könnt euch wieder beruhigen, es gibt Pizza." Die Prügelei hört schlagartig auf. „Pizza, fein", jubeln beide wie aus einem Mund. Während ich die Pizzen heraus hole und sie in den Ofen schiebe, raune ich gehässig meinem Gewissen zu: „Es muss leider Pizza geben, damit sich meine zarten Kinder nicht die Köpfe einschlagen. Oder kannst du das verantworten?" Mein Gewissen schweigt – oder ich höre es nicht mehr, denn auch eine gute Mutter braucht mal Ruhe.

Auf der süßen Seite der Macht

Stefanie Burr

Es war noch vor dem ersten Geburtstag unseres ersten Kindes und es war ein bemerkenswerter Moment in meiner Karriere als junge Mutter. Unsere damalige Kinderärztin klärte mich – als hätte ich mich nicht bereits dumm und dusselig gelesen – über die entscheidende Bedeutung der Ernährung auf. Am Ende des Vortrags hob sie mit bedeutungsvoller Miene ein zuckerglasiertes Damoklesschwert über unsere Köpfe. (Dabei war es kein gewöhnliches Damoklesschwert, sondern so ein leuchtendes, rauschendes wie bei Star Wars. Echt!).

Die Ärztin sprach mit finsterer Stimme: „Das erste Gramm Zucker ist der erste Schritt zur ARTERIOSKLEROSE!"

Wuuusch, das saß! Ein Schauder lief über meinen Rücken. Wir würden uns nun für immer vor Augen halten, dass jedes von uns nicht mit vollsten Körpereinsatz abgewehrte, gut gemeinte Stück Schokolade der netten Tante zum verfrühten und völlig unnötigen Herztod unserer Süßen führen würde. Fortan mussten alle Gefahren hartnäckig abgewehrt werden. Nein, sie darf noch keinen Keks, nein, Schlagsahne auch nicht und schon gar keine Schokolade, sie ist erst 9 Monate alt!

Man, waren wir gut. Bis zum ersten Geburtstag. Dann verließen uns die Kräfte langsam, aber stetig. Zum vollen Jahr ein Stückchen Kuchen – Auge zugedrückt. Omas Plätzchen – man kann ja nicht alles verbieten! Smarties bei einem Kindergeburtstag bei der Tagesmutter – ja, was willste denn machen?

Irgendwann gaben wir uns geschlagen und sahen ein: Die Macht ist langfristig einfach mit dem Zucker. Er lauert bei den Großeltern, Tanten, Nachbarn, bei der Kassenfrau im Drogeriemarkt des Vertrauens, bei der Bäckersfrau, der Blumenfrau und sogar der Postfrau.

„Die Kleine möchte doch bestimmt ein Bonbon, hmmm?"

„Nein, bitte nicht." Mitleidiger Blick. „Aber es ist doch nur eins ..."

Manchmal hätte ich am liebsten die Bonbontüte genommen, sie den Leuten rechts und links um die Ohren gehauen und dabei gerufen: Warum! Fragst! Du! Wenn! Du! Meine! Antwort! Nicht! Akzeptierst?!

Was hinter unseren Rücken noch so alles passierte, wollte ich mir gar nicht ausmalen. Hätte ich den Leuten vielleicht vom drohenden Herzversagen erzählen und damit unzählige Leben retten sollen? Ich gebe zu, ich war zu schwach. Fortan konnte es also nur noch um Schadensbegrenzung gehen.

Glaubt mir, wir tun wirklich unser Bestes. Berge aus

Süßigkeiten von Weihnachten und Ostern werden bis heute erfolgreich heimlich beiseite geschafft. Wir selbst kaufen selten Naschkram. Ist ja auch nicht nötig. Sie bekommen ohnehin von allen Seiten genug. Und wenn doch mal ein Kind quengelt und fragt, warum es nicht noch mehr gibt, setzt der beste Mann von allen sich eine schwarze Maske auf, macht sich ganz groß und sagt so gefährlich er nur kann: „Ich bin dein Vater!"

Schöner Urlaub

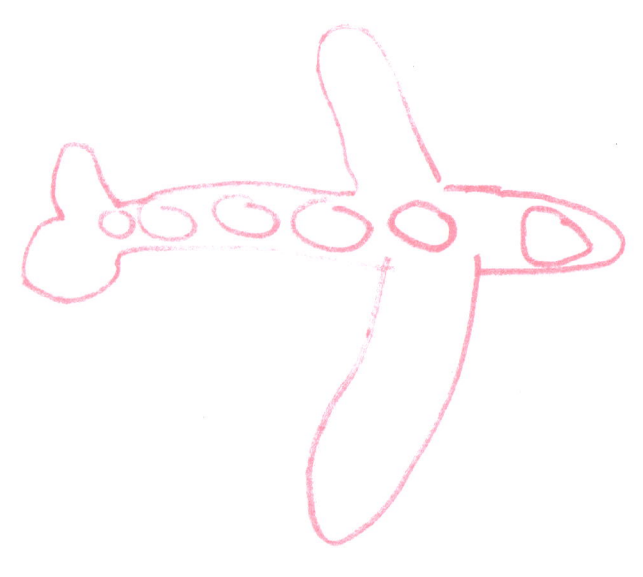

Mama Cool

Christa Budde

Suchend blicke ich mich in der riesigen Flughafenhalle um. Ich sehe meinen Koffer am Eincheckschalter der Fluglinie, daneben drei verwaiste Kinderrucksäcke. Mit geübtem Blick scanne ich das kleine Cafe in der Wartehalle, den Zeitungsstand, den Laden mit den Süßigkeiten. Meine Augen streichen über den Buchladen und dort entdecke ich sie: Drei kleine Gestalten, eingehüllt in dicke Winterjacken, Wollmützen und Handschuhe, die selbstvergessen auf dem Boden des Ladens hocken – meine Kinder. Ich eile zu dem Laden.

„Was macht ihr denn? Kommt sofort mit, wir müssen einchecken und das Gepäck aufgeben."

„Och, Mama", mault meine Jüngste. „Anna liest uns gerade so schön vor und die Geschichte ist gleich zu Ende." Anna hebt das Buch hoch.

„Nur noch diese Seite, Mama", bettelt sie. Ich werfe einen Blick auf unser Gepäck, das ein hilfsbereiter Mann in der Warteschlange immer näher an den Eincheckschalter schiebt. Noch sind drei Leute vor mir. Ich nicke ergeben, höre ergriffen die letzten Sätze über einen verloren gegangenen Teddybären, packe zwei meiner Kinder und schiebe sie zum Schalter. Anna, die Älteste folgt alleine. Gerade rechtzeitig. Ich bedanke mich bei dem Mann.

„Ein Gepäckstück zum Aufgeben?", fragt die freundliche Frau am Schalter und deutet auf den Koffer. Einen kurzen Moment lang streifen meine Augen über die Köpfe der drei Kinder. Wäre das nicht himmlisch? Aber dann sage ich seufzend:

„Nur eins."

Ich bekomme die Bordkarten, ergreife mein Handgepäck sowie das der Kinder und begebe mich zur Kontrolle. Ich lege die vier Gepäckstücke auf das Band und schiebe die Kinder vor mir her. Der Kontrollbeamte blickt auf, misstrauisch.

„Ab hier ist nur noch Handgepäck erlaubt. Und nicht drei größere Rucksäcke."

Ich lächle ihn liebenswürdig an, nehme den größten der drei Kinderrücksäcke, öffne ihn und entnehme ihm einen riesigen Pu-Bären.

„Glauben Sie vielleicht, der passt noch in meine Handtasche?", frage ich und halte ihm den Bären dicht unter die Nase. Der Mann zuckt zurück. Offensichtlich hat er keine eigenen Kinder, denn er starrt irritiert auf den riesigen Bären. Seine Kollegin kommt zu Hilfe. Sie stopft den Bären in den Rucksack zurück und schiebt ihn durch die Röntgenkontrolle. Die anderen Rucksäcke haben bereits passiert.

„Alles in Ordnung", beruhigt sie ihren Kollegen. Anna auf der anderen Seite grinst.

„Gut, dass sie meine Bombe nicht entdeckt haben", ruft sie mir laut zu.

Der Kollege, der sich bereits dem Gepäckstück des nächsten Reisenden zuwenden wollte, verharrt mit einem Ruck in seiner Bewegung, dann schießt er wie eine Rakete herbei und greift nach Annas Rucksack. Seine Mitarbeiterin wirft einen prüfenden Blick auf Annas Gesicht. Resolut schiebt sie ihren Kollegen zur Tür mit dem Schild: Nur für Personal.

„Zeit für eine Kaffeepause", sagt sie sanft. Zu mir gewandt sagt sie:

„Ich habe auch Kinder. Gehen Sie weiter."

Ich packe die vier Handgepäckstücke und mache mich mit den Kindern auf den Weg ins Flugzeug. Die Bordkarten werden kontrolliert und wir betreten über die Gangway das Flugzeug. Dort verursachen wir einen kleineren Stau, da mein Jüngster unbedingt Pu-Bär den Ausblick aus den Fenstern der Gangway zeigen möchte. Der Reißverschluss des Rucksackes klemmt, es dauert einen Augenblick.

Endlich betreten wir das Flugzeug und ich atme auf. Ich lasse mich von der Stewardess in den richtigen Gang einweisen, bahne mir einen Durchgang über im Wege stehende Gepäckstücke und quetsche mich an Passagieren vorbei, die ebenfalls ihre Plätze suchen. Plötzlich bemerke ich, dass mein mittlerer Sohn fehlt. Ich entdecke ihn am Eingang des Flugzeuges, vertieft in ein Gespräch mit der Stewardess. Ich schiebe die beiden anderen Kinder zu unseren Plätzen und lege die Handgepäckstücke auf die beiden noch freien Sitze. Dann bahne ich mir einen Weg zurück zu meinem Sohn. Ich komme gerade rechtzeitig um zu hören, wie er sagt:

„Und ich glaube doch, dass wir abstürzen. Es ist bestimmt was kaputt. Unser Auto hat neulich auch so komische Geräusche gemacht."

Die Stewardess wiederholt stereotyp, dass alles ganz normal klingt und dass er nun bitte weitergehen möchte, um die anderen Passagiere ebenfalls ins Flugzeug zu lassen. Da spielt mein Sohn seinen letzten Trumpf aus:

„Anna hat aber eine Bombe dabei."

Bei der Stewardess beginnt ein Auge nervös zu zucken, eine Frau fängt an hysterisch zu kreischen. Ein Mann, der ganz in der Nähe sitzt, springt panisch aus seinem

Sitz auf und versucht sein Handgepäck aus dem Fach über ihm zu zerren. Er will offensichtlich das Flugzeug verlassen. Ich lächele beruhigend in die Runde und sage mit meiner wärmsten, mütterlichsten Stimme:

„Meine Damen und Herren, kein Grund zur Aufregung. Das Kind gehört zu mir und weder ich noch seine Geschwister haben eine Bombe dabei."

Der Mann, der fliehen wollte, setzt sich mit verlegenem Lächeln wieder hin, die hysterische Frau hört auf zu schreien, ich packe mein Kind an der Hand. Auf dem Weg zu unseren Sitzen denke ich mir, dass es auch dem Flugkapitän nicht besser gelungen wäre, die Leute zu beruhigen. Im Geiste klopfe ich mir anerkennend auf die Schulter.

Mein Sohn lässt sich auf seinem Sitz nieder und ich öffne die Klappe für das Handgepäckfach. Es ist bereits ziemlich voll. Ich quetsche als Erstes meine eigene Handtasche hinein, dann presse ich einen Kinderrucksack dazu. Den Zweiten bringe ich noch mit Mühe hinein. Schnell schlage ich das Fach zu, bevor der Rucksack seinen Platz wieder verlassen kann. Misstrauisch sieht mein Jüngster zu mir hoch.

„Pu darf nicht so gequetscht werden, Mama", sagt er

vorwurfsvoll.

„Außerdem möchte er bestimmt bald aus dem Fenster schauen." Ich reiße das Fach wieder auf. Die beiden Rucksäcke, meine Handtasche und ein weiteres Gepäckstück rutschen mir entgegen. Meine Handtasche kann ich gerade noch auffangen, alles andere fällt zu Boden. Eine Frau aus der Reihe vor mir springt auf.

„Meine Tasche! Können Sie nicht aufpassen. Da ist Glas drin. Verstehen Sie, GLAAAS!"

Ich versichere ihr, dass mir der Begriff Glas geläufig ist. Auch, wenn ich manchmal etwas bekloppt wirke, weiß ich, dass wir im 21. Jahrhundert leben. Ich schüttle die Tasche, die leider tatsächlich verdächtig klirrt und reiche sie der Frau hinüber.

„Schauen Sie nach. Wenn etwas kaputt ist, gebe ich Ihnen die Nummer meiner Haftpflichtversicherung", sage ich lässig. Ich bin eigentlich immer ganz froh, wenn sich die vielen gezahlten Versicherungsbeiträge mal rentieren. Die Frau wirft einen Blick in ihre Tasche.

„Alles in Ordnung", verkündet sie strahlend und lässt ein paar bunte Glassteine durch ihre Hände rieseln.

„Die habe ich zum Tauschen mitgenommen, ich habe gehört die Eingeborenen sind ganz wild danach."

Ich tippe mir im Geiste an die Stirn. Ich wirke wenigstens nur bekloppt.

Ich reiche meinem Jüngsten den Pu-Bär und räume dann rasch meine Handtasche sowie alle drei Kinderrucksäcke in das Handgepäckfach, solange die Frau noch mit ihrer Tasche beschäftigt ist. Es passt alles prima hinein. Schnell schließe ich das Fach und lasse mich auf meinem Sitz nieder. Die Frau mit den Glasperlensteinen will aufstehen und ihre Tasche verstauen, aber da ertönt das Signal zum Anschnallen. Resigniert stopft sie sie unter den Sitz. Ich helfe meinen Kindern beim Anschnallen. Während der Flieger zur Startbahn rollt, erklärt die Stewardess die Sicherheitsmaßnahmen für die Notfälle. „Ich hab's doch gewusst, wir stürzen ab", flüstert mein mittlerer Sohn Anna zu. „Sonst würden sie einem das nicht so genau erklären."

Anna nickt, wissend.

Der Flug verläuft ruhig. Zwischendurch gibt es ein paar Turbulenzen, die mein mittlerer Sohn dazu benutzt, lauthals zu verkünden, er hätte doch gewusst, dass wir abstürzen würden. Glücklicherweise sitzt die hysterische Frau weit weg. Aber hinter mir höre ich eine Frau zu ihrem Mann murmeln:

„Das ist doch der Junge, der wusste, dass jemand eine Bombe an Bord gebracht hat?"

„Das war doch nur Kinderkram", erklärt ihr gähnend der Mann. Entspannt lehne ich mich zurück. Was soll jetzt noch schief gehen?

Die Notlandung wegen eines Triebwerkschadens auf dem kleinen Wüstenflughafen, das Aufheulen der Ambulanzen, die einige verletzte Passagiere versorgen, die Fahrt ins Hotel nehme ich gelassen. Meinen Kindern geht es gut. Ich bin die Einzige, die noch fit für ein Interview mit der internationalen Presse ist. Nach der Quelle meiner unerschütterlichen Ruhe befragt, zucke ich die Schultern und antworte:

„Ich bin Mutter."

Wer braucht eigentlich das Meer?

Stefanie Burr

Endlich Urlaub. Fünf Wochen Ferienhaus mit Blick auf den himmelblauen Atlantik. Nur wenige Autominuten bis zum Meer. Was braucht man noch zum Glück?

(Das liebe Leben flüstert „Gelassenheit". Doch der Ozean rauscht so laut, dass ich es leider überhöre.)

Als der erste Strandtag ansteht, lacht die Sonne. Das Herz auch.

Noch.

Wir sind entspannt und haben einen guten Plan. Schnell frühstücken und Picknick vorbereiten, die Kinder eincremen, fertig und los. Dann sind wir am Meer, bevor es richtig heiß wird. Also packen wir die Taschen. Packen, packen und packen. Trinkflaschen, Essen, Windeln, Taschentücher, Feuchttücher, Handtücher, Strandtücher, … Ein gutes Buch und Zeitschriften natürlich nicht. Diese Illusion haben wir vorsorglich am Flughafen abgegeben. Dafür kommt jetzt Buddelzeug mit. Und ein großes aufblasbares Dings. Schnuller, ganz wichtig! Zum Schluss die Strandmuschel nicht vergessen – die Kinder werden schließlich darin Mittagsschlaf halten.

Nun suche ich aber erst einmal die Sonnenmilch. Wo ist die verdammte Sonnenmilch? Als ich sie gefunden habe, sind die Kinder bereits angezogen. Macht nichts, dann cremen wir sie eben am Strand ein. Schließlich rennt die Zeit und wir sind immer noch nicht von der Stelle gekommen. Jetzt muss die Große auf den Thron. Das kann dauern. Kein Problem, denn der Kleine ist inzwischen wieder müde und scheint dringend ein Morgennickerchen zu brauchen. Und weil wir immer noch mittelprächtig entspannt sind, kommt es auf die zwanzig Minuten jetzt auch nicht mehr an.

Ich lege mich mit ihm hin. Die Lider fallen ihm zu. Und wieder auf. Und wieder zu. Und wieder auf. Als das Augen-Pingpong nach einer halben Stunde nicht zu Ende ist, entschließen wir uns loszufahren. Die drei großen Taschen samt Kindern ins Auto gehievt und los. Es ist mittlerweile Vormittag.

„Haben wir die Sonnenhüte eingesteckt?" Ähhh ... Also noch mal zurück.

Jetzt wird alles gut.

Huch. Irgendwie haben wir gedacht, der Parkplatz sei viel näher am Strand. Wir schleppen Taschen und Sprösslinge gefühlte drei Kilometer bis wir endlich das Wasser erreichen. Die Einheimischen, die trotz Kindern nur mit Handtuch über der Schulter und einem kleinen Beutelchen unterwegs sind, schlendern demonstrativ gelassen an uns vorbei. Die Mittagssonne brennt erbarmungslos, schadenfroh auf uns herunter. Die Entspannung zieht sich weise an einen schattigeren Ort zurück und lässt uns ihre Stieftochter, die Hoffnung, da. „Liebling, geht das nicht schneller mit der Strandmuschel?" (…) „Was guckst du denn jetzt so genervt?!" Die Sonnenmilch lässt sich nicht verschmieren, es kleben bereits Unmengen Sand auf der verschwitzten Kinderhaut. Das mit den langärmligen Hemden hätte funktionieren können, wenn ich sie nicht auf dem Bett im Ferienhaus hätte liegen lassen. Der Kleine weint jetzt unentwegt. „Hast Du Hunger? Hier ist ein Apfelstück. Aber nein, nicht in den …" Wenn jetzt einer sagt, Sand reinigt den Magen, drehe ich durch. Wenigstens sind wir am Meer.

Wären nur die Wellen nicht so hoch. Die Große schluchzt, das Wasser hätte sie umgeworfen und das Salzwasser brennt in den Augen. „Buddelt doch ein wenig im Sand!" Spitzenidee – wäre der nicht schon so heiß, dass man Spiegeleier darauf braten kann. Der Kleine quengelt müde vor sich hin. Die Strandmuschel ist ein Treibhaus. An Schlaf ist nicht zu denken.

Jetzt heulen alle.

Nach einer dreiviertel Stunde geben wir entnervt auf, packen zusammen und buckeln alles wieder zum Auto. Es folgen ein schnelles Essen und ein erholsamer Schlaf im kühlen Feldsteinhaus. Am Nachmittag füllen wir ein kleines Planschbecken mit Wasser und lehnen uns entspannt mit Käffchen und Kuchen unterm Sonnenschirm zurück. Die Kinder spielen glücklich mit bunten Förmchen. Vom Meer weht eine herrliche Brise auf unsere Terrasse. Das Meer. Wer braucht eigentlich das Meer?

P.S. Heute sind wir natürlich Vollprofis. Das ihr das ja alle wisst. (Besonders ihr, ihr arschcoolen Spanier. Also nicht, dass mich das wurmt, ne. Aber irgendwann kommen wir wieder und werden es euch zeigen!)

Ferien bei Oma und Opa

Stefanie Burr

Großeltern sind auch nicht mehr das, was sie mal waren. Ich erinnere mich noch an die schönen, unaufgeregten Sommertage im Garten meiner Oma. Diese flimmernde Sommerstille, in der es so viel zu träumen und zu entdecken gab. Wie reich wir waren! Die Zinkbadewanne, der alte Reifen zum Schaukeln im Apfelbaum, die reifen Beeren, die Nachmittage am See und natürlich die Busfahrt ins nächstgelegene Kleinstädtchen. Dort gab es nach dem Drogeriebesuch Bockwurst und Softeis. An den Samstagabenden gingen wir rüber zu Frau Klaffke. Die hatte einen Farbfernseher und fand es nicht schlimm, dass sich pünktlich zur „Schwarzwaldklinik" die ganze Nachbarschaft einfand. Ich trage diese Sommer wie einen kostbaren Schatz in meinem Herzen.

Meine Oma war gemütlich, trug die obligatorische Kittelschürze sowie eine gut sortierte Dauerwelle. Ich kann mich nicht daran erinnern, dass meine Oma jemals mit mir gespielt hat und auch nicht, dass mich das je gestört hätte. Oma bestand darauf, dass wir gemeinsam aßen und ließ uns Rasselbande sonst in Frieden.

Die Omas meiner Kinder sind weder rund, noch dauergewellt und kittelbeschürzt. Genauso wie die meisten anderen Omas, die ich kenne. Sie sind modern frisiert, chic gekleidet und meistens glücklich, noch arbeiten zu dürfen. Find ich gut. Nehmen sie dann eine Woche Urlaub für die lieben Enkel, wird alles fein durchgeplant. Die heutigen Großelten glauben nämlich, ihren Enkeln ständig irgendetwas bieten zu müssen. Heute Erdbeerhof, morgen Elefantenhof, übermorgen Ponyhof. Puppentheater muss schon drin sein, ein Tag an der Ostsee auch. Pizza, Eis, Lolli: Selbstverständlichkeiten. Kommen die Kleinen dann zurück, braucht es mindestens drei Tage, um sie wieder aufs Normallevel zu bringen. Weil es weder tägliche Ausflüge noch Eisdielenbesuche gibt, ist nämlich alles langweilig und doof. Dann gehen sie einem mit Bockanfällen, Auszugsplänen und der ganzen Leier ziemlich auf die Nerven.

Als ich meiner Mutter vor ihrem letzten Enkelurlaub von meinem Sommerschatz erzählte, entschied sie unerwartet erleichtert, auf Kinderspaßprogramme zu verzichten. Das Kind kam entspannt zurück. Es war gewachsen – um ein paar stille Sommertage.

Am Strand

Christa Budde

Das Wasser der Ostsee sieht blau aus. Blau und kalt. Aber da die Lufttemperatur gefühlt 30°C im Schatten beträgt, versuche ich meine Kinder – fünf und acht Jahre alt – sowie meinen Mann zum Baden zu überreden. „Wer kommt mit ins Wasser? Ist bestimmt herrlich!", rufe ich munter in Richtung meiner Familie.

„Ach nee, Mama", mault die Kleine, „das ist bestimmt voll kalt." Der Ältere verzieht nur das Gesicht und baut an seiner Sandburg weiter. Mein Mann tut so, als ob er liest und nichts gehört hat. „Ihr müsst doch mal baden", versuche ich wenigstens meine Kinder zu überzeugen. „Deshalb sind wir doch an die Ostsee gefahren." „Gestern hast du gesagt, wir sind hier um Fahrrad zu fahren", kontert mein Sohn. Pah, das war gestern. Ich zucke die Schultern und gehe ins Wasser. Brr, wirklich kalt. Langsam schleiche ich ins tiefere Wasser. Ah, jetzt kommt die schlimmste Stelle: der Bauch. „Warte!", höre ich meine Tochter rufen. Mit lautem Geplatsche stürmt sie ins Wasser. „Ihh! Kalt!", kreischt sie. Und wirft sich direkt neben mir der Länge nach ins Wasser. Das Wasser spritzt hoch auf und das langsame, gefühlvolle Hineingehen hat sich erledigt. Ich tue so, als ob ich das auch lustig finde – immerhin ist das erste Kind im Wasser – und bespritze sie mit Wasser. Ruckzuck ist die schönste Wasserschlacht im Gange. Plötzlich bekomme ich eine glibberige Masse an den Kopf. Was war das? Meine Tochter gluckst vor Vergnügen. Ich fische eine Qualle direkt vor mir aus dem Wasser. „Damit schmeißt man doch nicht", sage ich vorwurfsvoll zu meiner Tochter. Gemeinsam betrachten wir die Qualle und bewundern ihre feine Zeichnung. Das lockt endlich meinen Sohn ins Wasser. „Was guckt ihr denn da?", ruft er schon von Weitem. Er nimmt mir die Qualle aus der Hand. „Was fressen Quallen, Mama?", fragt er wissbegierig. „Ganz kleine Tierchen im Wasser", erkläre ich ihm. Meine Tochter taucht sofort nach den kleinen Tierchen. Mein Sohn entlässt die Qualle behutsam wieder ins Wasser und taucht ebenfalls. Ich überlasse die Beiden ihren naturkundlichen Forschungen und nutze die Gelegenheit zum Schwimmen. Aber das Wasser ist und bleibt kalt und ich gehe bald raus. Mein Mann döst inzwischen. Ich hülle mich in ein Handtuch und gehe zum Wasserrand zurück, um die Kinder zu beobachten. Sichere Schwimmer sind sie noch nicht. Nach einer halben Stunde sind meine Kinder immer noch im Wasser. Dort steht meine Tochter mit blauen Lippen, schlingt die Arme um den Körper und zittert. „Kommt raus!", rufe ich. „Ihr friert doch." „Gar nicht!", ruft meine Tochter. „Erst willst du, dass wir ins Wasser gehen, dann willst du, dass wir gleich wieder rauskommen", beschwert sich mein Sohn und klappert mit den Zähnen. Beide bleiben drin. Ich überlege krampfhaft, wie ich sie aus dem Wasser kriege oder etwas mehr Bewegung in sie bringe.

Als mein Sohn aufblickt, deute ich grinsend auf den nackten Bauch meines Mannes und dann auf das Wasser. Mein Sohn versteht sofort. Er holt sich den Eimer seiner Schwester, füllt ihn voll Wasser und leert ihn genüsslich über seinem Papa aus. Der Schrei ist laut und kommt von Herzen. Ich liege längst im Liegestuhl und tue so, als ob ich in mein Buch vertieft sei. Dass ich es verkehrt herum halte, fällt niemandem auf. Denn mein Mann folgt meinem Sohn mit lautem Gebrüll ins Wasser. Es entspinnt sich ein wilder Wasserkampf, bei dem auch meine Tochter gerne mitmacht. Im Wasser sind die Kinder zwar immer noch, aber sie bewegen sich wenigstens. Außerdem trägt jetzt mein Mann die Verantwortung und ich kann in Ruhe lesen.

Fahrradtour

Christa Budde

Endlich lacht die Sonne von einem wolkenlosen Himmel, die steife Brise hat sich gelegt: Ideale Bedingungen, um eine Fahrradtour zu machen. Frohgemut bereiten wir das Wichtigste an der Fahrradtour vor: ein riesengroßes Picknick. Einschließlich einer Picknickdecke, damit wir uns nicht wie letztes Mal in eine Ameisenautobahn setzen.

Nach vier Tagen Regen sind wir ausgehungert nach Bewegung im Freien. Wir, das sind mein Mann und ich, eine zwölfjährige und eine fünfjährige Tochter sowie ein siebenjähriger Sohn. Wir planen die Tour sorgfältig über kleine Straßen und als Radwege ausgewiesene Waldpfade. Um 10 Uhr geht es endlich los. Nach drei Kilometern Straße und ersten Klagen meines Mannes, der unter der heißen Sonne leidet, biegen wir in einen schattigen Waldweg ein. Die vorangegangenen Regentage haben ihre Spuren hinterlassen. Wir kurven um Schlaglöcher und runter gefallene Äste. Unsere Älteste findet das uncool und rast durch die Pfützen. Ich radle gerade neben unserem Sohn, als er beschließt, dass er auch cool sein möchte und durch eine riesige Pfütze düst. Ich bekomme eine erfrischende Dusche ab. Danach halte ich mich lieber am Schluss der Kolonne auf.

Wir kommen an eine Wegkreuzung. Welcher Weg ist der

richtige? Unsere Fahrradkarte zeigt nur einen der Wege an. Wir stimmen demokratisch ab und nehmen den Linken. Nach vier Kilometern endet der Weg an einem kleinen Bach. Wir trösten uns damit, dass es eine sehr schöne Picknickstelle ist und verzehren unsere Brote, hart gekochte Eier, Würstchen, Schokolade und Getränke. Als alle satt sind, ist auch die gute Laune wieder da und wir radeln den Weg bis zur Gabelung zurück.

Der Weg wird leider immer schlechter. Bald ist er so eng und schlammig geworden, dass er zwar ein Eldorado für Wildschweine, aber für Fahrradfahrer ungeeignet ist. Unsere Kinder stöhnen, als sie zum x-ten Mal vom Fahrrad absteigen müssen, um durch ein Schlammloch zu schieben. Irgendwann steigen wir alle ab und schieben. Die Stimmung ist auf dem Tiefpunkt. Ich versuche an ihren Abenteuergeist zu appellieren: Was, wenn hier Löwen wohnten? Was, wenn wir uns hier verirren würden und nur von den Früchten des Waldes leben müssten? Meine Kinder lächeln nur müde und fragen: Wann sind wir endlich da? Ein Radfahrer kommt uns entgegen. Er ist über und über mit Schlamm bespritzt. Wir sehen doch nicht auch so aus? Doch, sehen wir. Er tröstet uns, dass wir bald aus dem Wald kommen werden und dass es dort einen Kiosk gibt. Mit neuem Mut schieben wir schneller. Wir stürmen den Kiosk. Das Eis ist leider ausverkauft, aber wenigstens gibt es kalte Getränke. Nachdem auf unserer Karte ein Sonnenschirmchen mit einem Eisbecher eingezeichnet war, hatten wir etwas anderes erwartet.

Als die Kioskbetreiberin unsere betretenen Gesichter sieht, macht sie uns mitleidig auf den Bus aufmerksam, der jede Minute kommen müsste und auch einen Fahrradanhänger hat. Eigentlich wollten wir eine Rundtour machen, die uns wieder – auf anderem Wege – zurück nach Hause bringt. Aber mein Mann und ich werden von den müden, erschöpften Kindern überstimmt. Wir nehmen den Bus. Als wir zu Hause alles ausgepackt haben, – wir, das bin ich – wundere ich mich über die Ruhe im Haus. Ich schaue in den Garten: mein Mann liegt auf der Liege und liest. Und die erschöpften Kinder? Spielen alle zusammen Fußball und rennen sich die Lunge aus dem Leib. Ich ziehe mich ins Haus zurück und plane die nächste Fahrradtour: ohne Eisdiele und vor allem ohne Möglichkeit einer Busrückkehr für meine müden Kinder.

Im Restaurant

Christa Budde

Wir gehen selten ins Restaurant. Zum einen, weil wir nicht so viel Geld haben. Zum anderen, weil es mit Kindern nicht immer den gewünschten Erholungseffekt hat. Aber im Urlaub möchte ich mich wenigstens ein- bis zweimal kulinarisch verwöhnen lassen. Dieses Jahr verbringen wir unseren Urlaub an der Ostsee. Warum in die Ferne schweifen, wenn Sonne (manchmal), Meer (etwas kühl, aber immerhin nass und salzig), und Strand (sowieso immer sandig) so nahe bei uns liegen? Unsere Ferienwohnung ist prima, die Sonne zeigt sich ausgiebig, das Eis schmeckt, unsere Laune ist super. Und so steuern wir am dritten Ferientag frohgemut abends ein Restaurant an. Wir – das sind zwei Elternteile und drei Kinder, im Alter von drei bis elf Jahren. Als wir das Restaurant betreten, schauen zwei Kellnerinnen ein bisschen erschrocken auf. Der Barmann, ein Chinese, zwinkert uns freundlich zu. Eine der Kellnerinnen kommt auf uns zu. „Möchten sie etwas zum Mitnehmen – oder ...?". Sie zögert, wagt den Satz kaum zu beenden. „Zum Hieressen", schließt sie die Frage dann doch ab. „Hier essen", sagen wir. Was hat sie bloß? Schließlich sind wir keine Monster. Auch unser Dreijähriger isst oft schon ganz manierlich. Die Kellnerin geleitet uns zu einem Tisch in einer Ecke. Wir nehmen

Platz und bestellen. Weil das Essen ein bisschen dauert, gehen unsere Jüngsten auf Entdeckungstour. Nach ein paar Minuten kommt unser Dreijähriger an der Hand des Kochs wieder. Mit stoischer Mine erklärt er uns, dass die Küche für Gäste verboten sei. Wir entschuldigen uns und loben ihn für die leckere Vorspeise, die wir gerade genießen. Er lächelt gequält und verschwindet wieder in Richtung Küche. Unser Elfjähriger erklärt, dass seine Geschwister voll peinlich seien. Diese Worte bekräftigt er mit einer weit ausholenden Geste, die das ganze Restaurant umfasst und sein Glas mit Traubensaft umwirft. Cool meint er: „Das kann jedem mal passieren", und legt eine Serviette darüber. Seine beiden Geschwister lachen laut und fangen an zu singen: „Unser Bruder ist so peinlich. Unser Bruder...!" „Ruhe!", zische ich. „Oder wollt ihr, dass sie uns hier rausschmeißen, bevor wir gegessen haben? Ich koche heute Abend nichts mehr." Ich werfe entschuldigende Blicke in Richtung der anderen Tische, von denen aus man uns beobachtet. Die Kinder singen nun flüsternd weiter. Aber der Elfjährige hat keine Lust, sich ärgern zu lassen und verteilt ein paar Fußtritte. Mein Mann setzt sich zwischen seinen Ältesten und die beiden anderen. In diesem Moment kommt das Essen und ich denke beruhigt, dass die Kinder nun beschäftigt sind. Bis auf einige Tomatensoßenflecken auf der Tischdecke, noch ein umgeworfenes Glas (diesmal von mir), und einem – fast – runter gerutschten Teller mit Fleisch und Kartoffeln, passiert nichts wirklich Schlimmes. Als wir die Rechnung verlangen, kommt die Kellnerin mit einem freundlichen Lächeln auf uns zu: „Das Essen geht auf Kosten des Hauses, wenn Sie uns versprechen, nie wieder hier zu essen." Wir nicken ergeben. Beim Hinausgehen bemerke ich an einem unserer Nachbartische einen älteren Herrn. Sein Tischtuch sieht aus, als ob er das Kännchen mit der Soße für eine Gießkanne und die Tischdecke für eine Blumenwiese gehalten und kräftig gegossen hätte. Von der Terrasse erklingt lautes Gelächter, Männerstimmen beginnen ein Lied zu singen. Ob sie wohl auch alle auf Kosten des Hauses essen und trinken? Oder gilt dieses Angebot nur für Familien mit Kindern?

Weihnachten

Die einzig wahre Wahrheit über den Weihnachtsmann

Stefanie Burr

Letztes Jahr wurde das Mädchen das erste Mal skeptisch, was den Weihnachtsmann betraf. Ob es den wirklich gäbe? In der Klasse behaupteten Kinder das Gegenteil und es sei komisch, dass der Postbote im Advent so viele Pakete brächte, die sie und ihre Brüder nie öffnen dürften. Da nahm ich mir ein Herz und sagte ihr, dass sie jetzt ganz stark sein müsste. Es sei nämlich so.

Vor langer Zeit, als es noch nicht so viele Menschen auf der Welt gab, werkelte der Weihnachtsmann mit seinen Wichtelgehilfen Jahr für Jahr emsig an den Geschenken der Kinder. Es wurde mit Freude genäht, gesägt, geleimt, gemalt und zauberhaftes Spielzeug in mühevoller Handarbeit hergestellt.

Heute ist die Erde mehr als hunderttausendmal so voll wie damals. Aber das ist nicht das Schlimmste. Denn die Kinder haben sich verändert. Sie wollen nicht mehr nur Stoffpuppen, Holzautos oder Steckenpferde. Sie wünschen sich ferngesteuerte Hubschrauber, MP3-Player oder Lego Constructor. Wie soll der Weihnachtsmann das bewältigen?

Er müsste erstens hunderttausendfach mehr Wichtel einstellen. Die hohen Personalkosten wären dabei gerade noch zu verkraften. Aber die Weiterbildung eines Wichteltischlers zum Elekto-Ingenieur oder Software-Entwickler wäre nicht nur zu teuer, sondern auch zu zeitaufwändig. Und dann erst die heute selbstverständlichen Betriebsausflüge zur Mitarbeitermotivation …

Zweitens wären Materialbeschaffung und Produktion am Nordpol äußerst schwierig. Und drittens ist der Weihnachtsmann ein alter Mann. Er wohnt so weit im Norden, weil er es gern ruhig hat. Alles, was er will, ist mit seiner Frau am knisternden Kamin sitzen, nachdem er die Rentiere versorgt und in der Wichtelwerkstatt nach dem Rechten gesehen hat. Deshalb fährt er seit Ende der Neunziger eine andere Strategie.

Es tut mir leid, es dir sagen zu müssen: Der Weihnachtsmann bestellt im Internet. Und ja, wenn die Wunschlisten der Kinder zu lang sind, schickt er die Pakete schon mal vorab zu den Eltern. So ein Rentierschlitten ist ja kein 40-Tonner. Und noch was. Trotz der besten Logistik schafft der Weihnachtmann die Weltrunde am Heiligabend längst nicht mehr allein. Darum hat er viele Weihnachtsmanngehilfen eingearbeitet – was auch erklärt, warum sein Aussehen variieren kann.

Doch es gibt auch zwei gute Nachrichten. Wenn Du etwas Gewerkeltes auspacken darfst, freu Dich! Denn das stammt ganz sicher noch aus der alten Weihnachtswerkstatt. Aber das Schönste sag ich Dir erst jetzt: Weil ihr alle drei etwas ganz Besonderes seid, kommt zu uns von Beginn an der Richtige.

Der einzig wahre Weihnachtsmann.

Aber pssst, niemandem erzählen. Soll ja keiner traurig sein beim Fest...

Tiere unterm Weihnachtsbaum

Christa Budde

Meine Kinder wünschen sich zu Weihnachten ein Haustier. Natürlich jedes ein anderes. Meine ältere Tochter – wie kann es anders sein – schwärmt für Pferde. Aber auch sie hat inzwischen eingesehen, dass ein Pferd in einer Mietwohnung im dritten Stock ein Problem darstellt. Als Kompromiss könnte sie sich einen Hamster vorstellen. Mein vorsichtiger Hinweis, dass Hamster nachtaktiv seien, wischt sie mit dem Einwand weg, dass sie dann tagsüber mehr Ruhe bei den Schularbeiten hätte.

Mein Sohn, dessen Lieblingsfach Mathe ist, hätte gerne einen Hund. Da er begreift, dass wir eine kleine Wohnung haben, hat er mit einer nur ihm verständlichen mathematischen Gleichung die Größe des Hundes ausgerechnet, die für unsere Wohnung noch tragbar ist. Leider hat er noch nicht berechnet, wie viel Zeit ich damit verbringen würde, mit dem Hund Gassi zu gehen, wenn er „gerade heute mal" ausnahmsweise keine Zeit dafür hätte. Auch Berechnungen über den zusätzlichen Platz im Auto bei Urlaubsfahrten oder über die Mehrkosten auf dem Campingplatz, fehlen völlig.

Meine jüngste Tochter hätte gerne einen Vogel. Sie ist ziemlich musikalisch und stellt sich vor, dass sie gemeinsam mit ihm Lieder pfeifen könnte. Eine weniger gute Vorstellung hat sie davon, wer täglich den Käfig sauber machen wird. Ein Blick in ihr Zimmer lässt mich ahnen, dass sie dafür nur eine Lösung haben kann: Mama. Alternativ denkt sie an eine Ratte. Allerdings nur, um sie auf der Schulter zu tragen und damit ihre Deutschlehrerin zu erschrecken, die sie nicht ausstehen kann. Was das arme Tier den Rest des Tages machen soll, scheint sie nicht weiter zu beschäftigen.

Mein Mann ist mit den Stechmücken zufrieden, die im Sommer in reichlicher Anzahl unseren Balkon bevölkern. Er braucht keinen Hund, keinen Vogel und keinen Hamster. Vorsichtshalber macht er gleich klar, dass er niemals für das Gassi gehen mit dem Hund in Frage kommt, da er bereits um 5:30 Uhr das Haus verlässt. Außerdem hat er irgendwo gelesen, dass grundsätzlich alle Tierkäfige morgens zwischen sechs und acht Uhr geputzt werden sollten. Also immer, wenn er nicht da ist. Insofern steht er der Haustierfrage gelassen gegenüber.

Ich finde ehrlich gesagt, dass wir schon jede Menge

Haustiere haben und sehe daher keinen Bedarf für weitere. Wenn meine Tochter ihre Anlage laut aufdreht, kriegen wir alle einen Vogel. Wenn mein Sohn den Tisch decken soll, macht er aus einer Mücke einen Elefanten. Und wenn die Kinder zu spät aus der Schule kommen, versuchen sie mir einen so großen Bären aufzubinden, dass ich glaube, mein Schwein pfeift! Wo bitte ist hier noch Platz für ein weiteres Haustier?

... unseren Kindern ...